Secret Professionnel Sanitaire en Administration Communautaire

Dr Olivier T. GODICHET

Sources Juridiques du Secret Professionnel et
Précautions dans la Gestion des Informations a
Risque dans les Administrations Socio-
Sanitaires de France

Olivier T. Godichet Février 2018

ISBN: **978-0-244-37136-4**

Novembre 2013

Sélection d'Articles de Lois

Dr Christine Bonaventure Médecin de PMI

Dr. Olivier T. Godichet Directeur service de PMI

Mises en formes, cadres, schémas et incitations à la réflexion :

Dr. Olivier T. Godichet MD, DESS économie, DESTergonomie, MsSc. Géographie sociale

Sans nul doute, le respect des principes est pour le professionnel, ce qui doit lui faire questionner ses pratiques. C'est bien ce que recherche ce cahier dans sa présentation atypique : laisser le lecteur avec ses questions et des schémas discutables, pour qu'il cherche à comprendre la complexité des réalités et respecte mieux le secret dû aux personnes.

Il est bien évident et particulièrement en ce registre du Secret professionnel, chaque lecteur reste pleinement responsable de ses pratiques.

Au-delà des énoncés de la Loi, les opinions ou interprétations, que l'on voudrait voir exprimer dans ce cahier, n'engagent pas l'Administration dont la mission est le respect des Lois.

Préambule

Ce cahier a vocation à réunir les principaux articles de textes de Lois pour se repérer dans les obligations et applications du secret professionnel. Il s'adresse en priorité aux professionnels de santé en structures pluridisciplinaires, professionnels qui sont tenus d'échanger le « juste nécessaire » en matière d'information, notamment de protection maternelle et infantile, centre de planification et d'éducation familiale et autres établissements médico-sociaux.

L'expression « secret professionnel » plutôt que secret médical donne un sens plus général affirmant un droit de la personne moins spécifique des registres professionnels particuliers. Le secret Médical, contenu dans le Code de Déontologie de cette profession reste source de Droit Le Code de la Santé Publique a intégré le Code de Déontologie Médicale.

Ce cahier ne se veut pas un exposé exclusif des concepts et raisonnements à mobiliser pour respecter le secret professionnel et faire respecter le secret professionnel, notamment dans le cadre des échanges d'informations. Il faut : 1) s'inscrire dans les principes (lire les articles de Loi), 2) connaître les situations concrètes (les vraies définitions), 3) Avoir des pratiques et comportements concrets de respect du secret professionnel malgré 4) la complexité des situations.

Les principes et la Loi sont nécessaires mais pas suffisants, l'expérience professionnelle est déterminante, la pratique du respect du secret professionnel s'appuie sur de bons avis juridiques, mais intéresse surtout des professionnels des services en immersions sociales compliquées. Cela peut conduire à des interprétations contradictoires sur l'articulation de logiques différentes variant selon les circonstances et les contenus émotionnels. Les neurosciences les plus modernes sont, partiellement, en train de réhabiliter les émotions. Même si ce n'est pas raison pleine pour les laisser s'exprimer librement, indépendamment des réalités. Il vous faut en prendre soin, autrement qu'en imaginaires sociaux brutaux.

Ce cahier cherche donc à ouvrir le raisonnement et à identifier quelques repères pour procéder posément. En matière d'information les moyens modernes donnent accès rapides et facilement indiscrets. Ceci donne toute son importance à la discipline de votre discrétion professionnelle personnelle.

Le Secret Professionnel est une responsabilité très individuelle.

Le Droit évolue notamment en indications positives sur les droits des personnes. Il faudra souvent ainsi vous tenir au courant En matière de Lois Nationales on

peut suivre les mises à jour sur http://www.legifrance.gouv.fr/ (ou introduisez le numéro de l'article dans un moteur de recherche et le nom du code source) Nombreux sont les auteurs qui mettent sur la « toile » des articles de synthèses sur tels ou tels points. Evidemment les bulletins des Ordres Professionnels ne manquent pas d'évoquer cette thématique, clef pour leurs affiliés. Ils contiennent souvent des fiches et des vignettes. Les ouvrages de Droit professionnel ont tous leur chapitre à ce sujet.

Au vu de la dispersion des articles concernant le secret professionnel dans différents codes de Lois : il manquerait, semblent t'il une sorte de vision moderne et de synthèse. Les bibliographies historiques ne manquent pas de mentionner des ouvrages, notamment sur le secret médical, tout au long de son histoire déjà longue de plus d'un siècle. Compte tenu de la généralisation de la notion au droit essentiel à la vie privée, cela risque de rester bien général.

Pour ne pas se contenter de répertorier des articles des Lois sont ajoutés :

1. Des tableaux et cadres de synthèses minimales ou fiches groupes selon les principaux thèmes, utiles pour la profession.

2. Des schémas qui sont des formes logiques abstraites pour vous aider à articuler différents arguments, à la recherche de sens objectif du respect du secret professionnel ainsi qu'aussi à bien faire les dérogations légales (précisément énoncées) dans vos pratiques. Ces articulations une fois un peu travaillées peuvent vous permettre de construire, déconstruire et reconstruire votre réflexion et pallier à l'absence de formation en techniques juridiques.

3. Des combinaisons schématiques qui permettent de situer des conduites à tenir.

Le secret professionnel est un droit fondamental du aux personnes et une responsabilité individuelle des professionnels. Les dérogations ont des formes non quelconques : les Lois précisent ces dérogations au secret professionnel et les modes de mises en œuvre. C'est-à-dire que : ce n'est pas parce qu'il y a cas de dérogation au secret (une situation fréquente en structure de protection maternelle et infantile) qu'il y a partage libre de toutes les informations avec quelque professionnel que cela soit.

On n'est pas passé de la maltraitance de la protection maternelle et infantile historique à celle des professionnels particulièrement soumis au secret professionnel (notamment ceux qui doivent aussi pouvoir rester un recours de compréhension psychosociologique ou intime des membres des familles). Les Conventions et Lois relatives à l'enfance ont bien vocation éducative ou rééducative des enfants et/ou titulaires de l'autorité parentale.

Le secret professionnel auquel sont plus astreints quelques professionnels ne signifie pas non plus que ceux qui sont autour, professionnellement ou socialement sont libres de communiquer ce qu'ils ont savent sur les personnes; quand bien même leurs intentions seraient bonnes. **Le respect du secret professionnel s'impose à tous.** Les notions soumises au secret, effectivement informations indispensables peuvent être échangées. Les formes de gestion (courriers, communications, etc.) ont des garde-fous complémentaires qui existent aussi pour les professionnels moins soumis au secret: tel que le devoir de réserve, les « sous-couverts » administratifs ou par « couverture » du secret professionnel, de ceux qui ont les obligations les plus fortes, ainsi un professionnel paramédical ou secrétaire par rapport au couvert du médecin. **Ne doit être partagé que le strict nécessaire en prévention des risques et conséquences néfastes.**

Bien sûr il y a les nécessités de l'information, l'abondance actuelle des informations produites par la révolution des moyens informatiques et les développements considérables des réseaux sociaux et communications de tous ordres ont banalisé la diffusion, rendue trop abondante, notamment en ce qui concerne les données des personnes. De cela que l'économie de l'information, des distinctions entre formes de protection du secret, qualification des faits, informations, communications, impressions, interprétations, sémantiques (constructions mentales de sens) ont des gestions de plus en plus critiques mais des contours de plus en plus flous. Trancher ou conserver devient très difficile.

Les règles légales s'efforcent de s'adapter à tout cela pour préserver, les personnes ; tout particulièrement les plus fragiles et de garder les droits fondamentaux, préserver les sujets de divulgations qui les desservent ou les stigmatisent. En matière de respect du secret professionnel, les bonnes pratiques viennent aussi avec la **capacité de s'interroger sur les savoirs comment être et comment faire pour que les principes soient préservés.**

Dans les redéfinitions qui ont eu lieu depuis deux décennies dans le Droit Français général le secret médical ou ce qui a pu désigner cela, se nomme maintenant secret professionnel en général. Le secret médical reste bien sûr avec ce qualificatif dans les codes de déontologie pertinents. **Les fonctionnaires des services publics à la personne sont tout autant soumis au secret professionnel.**

Dans les situations particulières touchant à ce droit fondamental et, en l'absence de synthèse codifiée ou officielle, il n'est pas suffisant de se fier à des protocoles sur les transmissions des informations nécessaires et non transmissions des notions soumises au secret professionnel. Nombreux ceux ayant besoin d'informations et préférant pousser aux confidences, pour avoir plus. Des plus qu'ultérieurement ils comprendront ne pas avoir besoin.

Il convient de savoir éclaircir ses idées, promouvoir et partager des attitudes tout autant que mettre en œuvre des mesures et équipement concrets. Ce cahier a vocation de motiver les lecteurs à faire quelques efforts pour apprendre aborder la complexité et, dans leurs exercices professionnels ne pas oublier les exigences particulières du respect systématique des informations.

La santé a elle-même a, depuis déjà quelques décennies, ses définitions mondiales et européennes souvent discutables, parfois peu pratiques. Des spécialités ont été créées, se sont développées pour étudier les façons de faire avec les informations: santé publique, santé communautaire, droit de la santé, droit des patients, droit des patients et des soins, des établissements, des territoires, économie de la santé. Les outils et nouvelles technologies de l'information se sont démultipliés, les précautions deviennent plus difficiles.

Mais pour pouvoir conserver cohérence à l'unité principale : l'homme, on doit en arriver à comprendre que c'est le recentrage logique de l'essentiel des missions autour des sujets qui doit permettre de structurer les réflexions pour éviter la cacophonie des professionnels. Le bon respect du secret professionnel est donc un domaine important pour cet « anthropo-centrage ».

Les tableaux d'articles de Loi sélectionnés de ce cahier, sont regroupés en 6 groupes de tableaux en
1. Secret Professionnel Général du Médecin et Professionnels
2. Accès aux Informations Personnelles de Santé
3. Réquisitions.
4. Saisies
5. Secret Professionnel en Protection de l'Enfance
6. Sexualité des Mineurs et Secret Professionnel

Pour faciliter la lecture des tableaux d'articles, on inscrit en première ligne de cadre, en dessous du thème, les principes à mettre en œuvre cette liste n'est pas forcément exhaustive. Ensuite, les articles sont « déroulés » par Code source, approximativement depuis un code supérieur (souvent on débute par le Code Pénal) aux plus spéciaux (selon la hiérarchie des Lois). En ligne de tableau à gauche en première cellule la référence de l'article et un titre motif de l'article puis à droite, le texte, plus ou moins complet de l'article.

Évidemment le Code de Santé Publique occupe une place de choix, puisque ce cahier s'adresse à ces professionnels. Le Code de déontologie médicale étant passé en Code de la Santé Publique, nous nous sommes contentés d'ajouter la référence du Code de Déontologie Médicale dans l'Article correspondant au Code de Santé Publique, plus que de « doublonner » les écritures.

Pour les non médecins, il convient de noter que le caractère légal d'une déontologie varie d'une profession à l'autre. Certains codes sont validés par la légalité nationale : ainsi celui des médecins, pharmaciens etc. Cette validation est faite par le Conseil d'Etat. Ce qui se justifie bien au regard des responsabilités exercées. Mais ce n'est pas forcément faire injustice à d'autres professions : une déontologie est surtout une affaire de « bonnes mœurs ». Il vaut parfois mieux avoir quelque flexibilité dans l'expression pour pouvoir s'adapter plus facilement aux termes du temps pour maintenir les principes.

Dans les tableaux la séquence numérique des articles, dont la continuité peut être significative. En l'absence de texte unificateur des notions du secret professionnel ou leur dispersion dans différents codes, il est parfois difficile, pour des non spécialistes des choses juridiques, de construire des raisonnements ou articulations de principes, en correspondance avec des séquences logiques de faits et avec les précautions d'usage.

Par exemple si vous avez parcouru quelque ouvrage de Droit, vous vous serez rendu compte du mode assez particulier des ouvrages de droit, de chiffrer les paragraphes en continu (transcendant l'organisation par chapitres). Si la relation ou séquence est pertinente (et précède), l'ordre dans un Code peut être indicateur de la hiérarchie que l'on devra donner aux raisonnements.

Généralement, les droits continentaux européens (on dit droits romano-germaniques) sont rigoureux en gestion hiérarchique descendante. Ainsi un droit fondamental de la personne, ce qui est le cas du Secret Professionnel, en se référant à un droit d'un texte supérieur (tel que la Constitution) donne sa force à ce qui suit, ce qui suit sans s'articuler à quelque chose en amont n'est donc pas une contradiction absolue.

Quelques thèmes se trouvent munis d'une fiche ou demi-fiche:
• La Réquisition, La Perquisition
• Dossier Médicaux ou Professionnels (pour les gérer).

• Les Procédés d'Information et l'organisation de la consultation des dossiers (par les concernés)
• La Dérogation au secret professionnel (avec un tableau explicite des dérogations et jurisprudence de dérogations admises) & le « sursis » à la dérogation obligatoire
• Mineur & sexualité (Exposé / faible × Risque / fort selon l'âge)

Les schémas logiques (idéographies) s'intéressent à :
1. Articuler les Arguments de Droit (couverture)
2. La Construction Cognitive du Fait.
3. La Gestion du Secret Professionnel.
4. Le « Schéma-Cadre » de l'Information Préoccupante.

Articuler les Arguments de Droit (idéographie de couverture)

Le schéma de couverture s'entend comme l'articulation de quatre registres et/ou types d'arguments. Employez ce schéma d'articulation du double équilibre Près des cadres registres (en couleurs) ou modules avec quatre (4) précisions.

La pratique judiciaire des règles sociales se posent simplement comme une « articulation modulaire (groupes ou sélections un peu autonome avec un schema équivalent) et générique (pour construire et développer ou dériver» de ce qui relève de :
• De la réalité (RES) (exemple : à l'impossible nul n'est tenu)
• Des humains (humanitas) (exemple : faire ce que peut)
• De leurs constructions sociales (societas) (exemple : organisation)
• Des principes de règles que les humains se donnent (jus). (exemple : règles)

Si les faits sont peu clairs, les informations utiles douteuses, dans le cadre d'une dérogation possible : les raisonnements les procédés doivent être bien suivis il faut prendre les notions, les décomposer les préciser pour circonscrire les demandes et les appréciations. Les concepts à articuler sont de différentes sources. La pratique juridique s'attache beaucoup à séparer les notions proprement juridiques des impressions psycho-sociales, dont la définition peut varier avec les circonstances. Ainsi les droits coutumiers, souvent craux n'ont pas souvent une bonne place dans la hiérarchie des Droits développés ; mais c'est une évidence sociale que les bons procédés doivent « entrer dans les habitudes », ainsi de s'habituer à ne pas divulguer ni à banaliser.

La maturité des systèmes de Lois fait que cela est en pratique très spécifié par le type de problème, les acteurs de Droit, etc. Ce réunir n'est pas mal, il faut souvent faire les choses conjointement, mais il n'est cependant pas inutile de bien structurer son argumentation, savoir exposer les faits (de la réalité (qu'appelle t'on : « fait » ?) les sujets de droits, s'ils ne le sont pas eux-mêmes, leurs représentants, que cela soit pour les présenter ou comprendre pourquoi ne pas déroger au secret ou au contraire.

Il ne faut pas s'étonner que bien souvent se sont souvent quatre points à préciser systématiquement : dans une salle d'audience il y a bien souvent le plaignant, la victime présumée, l'arbitre et la situation, ou encore un procureur, un avocat, un juge et un sujet etc.

Construction Cognitive du Fait

On en vient maintenant à l'idéographe (p. 11) Il indique un mécanisme de raisonnement cognitif, composé de la même façon, par un minimum de quatre points d'orientation pour «décomposer» l'analyse d'un fait. La précision en quatre points permet, en termes de conscience ou d'intelligence, de qualifier ainsi un fait.

Les neurosciences ont un débat très actuel. Elles renouvellent la compréhension des modes opératoires des acteurs sociaux et permet de mieux comprendre la complexité des humains. Si l'on dispose maintenant de plus en plus d'ouvrages de référence de bonnes argumentations logiques malheureusement en neurosciences cela se publie plutôt en anglais. Le débat a commencé d'imprégner les débats juridiques, parce que les neurosciences ont maintenant des outils qui commencent à donner une « fenêtre » d'accès aux consciences des vivants.

En pays de Droit Romano-Germanique (dérivé du Droit Latin et passé par le Code Napoléon), voilà près de deux cents ans que l'on codifie et doctrine. C'est aussi depuis des décennies que l'on raisonne en matière de principes socio-économiques et l'on a mis en évidence nombre de notions sur les procédés de décisions, la gestion des informations, etc. Mais c'est plus récemment que l'on est en train de pouvoir dépasser certains dogmes de comportements.

Observons donc que l'on est en train de commencer à comprendre comment analyser scientifiquement les modes de fonctionnement cognitif avec enregistrements et méthodes d'imagerie cérébrales fonctionnelles. Au moins ces connaissances peuvent en l'état permettre de saisir leur complexité et par déduction observer l'inanité de certaines réflexions simplistes, sur ce qui est information dérogatoire et commentaires inutiles. Bien sûr les intentions de chacun ne sont pas « clairement écrites dans les cerveaux » et les techniques d'imagerie

Pour le schéma on assimile les « relations horizontales » à des relations sociales entre pairs et les « relations verticales » à des relations de subordination. Une formulation analogue consisterait à distinguer des relations en parité et d'autres de priorité (ou hiérarchie); qu'il s'agisse de relations (orales ou écrites) ou de transmission autres entre personnes. Mais, devant des faits rapportés les imprécisions tiennent aussi à la complexité, aux cas d'espèce ou particularités et circonstances. Certaines expressions de Loi sont très précises : ce sont des interprétations idéales auxquelles on cherche à parvenir. En relations sociales on peut avoir des équilibres tels que lorsque s'agissant de droits entre égaux et des formes de mise en œuvre qui s'assurent de ce que les relations entre la personne inégales par les moyens ou les « talents » puissent se faire en toute justice : tous sont égaux devant la Loi C'est le principe du recours à un avocat.

Il faut aussi imaginer que certains mots clefs doivent recevoir une définition qui tienne à la fois au contexte, à votre trame logique et au sens standard. On aura un conflit à résoudre si quelque point est ambigu. Ainsi lorsqu'on parle d'«identité» (écrit dans la schéma), ce mot peut être pris autant au sens policier du terme (papiers) que cognitif du comment la personne se perçoit, se voit et se conçoit. Cela se reflétera aussi ainsi dans ses efforts à défendre ses droits que par ses droits fondamentaux, qui font ainsi son identité comme acteur de Droit. Etc.

Ce sont autant de détails à considérer qui peuvent ressortir lorsque vous appliquez la trame logique qui vous est fournie. Le schéma permet de construire des raisonnements « bien équilibrés ». En imaginant, s'exerçant, réfléchissant à vos situations pour intérioriser vos perceptions en attitudes et comportement adaptés. Les professionnels maîtrisent les constructions qui relèvent de leur métier mais, s'agissant de choses différentes ou peu courantes ; comme explorateur de choses à intégrer, vous en viendrez aussi à rencontrer la difficulté d'aller plus loin.

Si vous cherchez une construction solide pour « conceptualiser » (votre pratique), vous pouvez la construire en deux ou trois niveaux imbriqués d'arguments. Par exemple en appliquant les petits graphes de précision que l'on vous suggère déjà dans le schéma de couverture autour de la structure centrale, comme des questions autoréflexives. Par exemple : « quoi de qui » ?

Les niveaux à considérer simultanément peuvent être ainsi : ceux de l'individu (niveau rang 2, de ses droits) fondamentaux), de ce qu'il fait (niveau rang 1, faits geste et effets), parmi les autres (niveau rang 3 : en société, selon les circonstances et les règles).

restent trop lentes pour tracer les fonctionnements fins; mais nous pensons qu'il est important d'examiner les contradictions entre affirmations et fonctionnements.

L'évidence n'est pas toujours facile :

- On sait la valeur relative des choses mémorisées et les risques d'induire des faux souvenirs.

- On sait l'utilité des émotions mais aussi leurs risques de mal-conditionnement sur les perceptions (illusions et hallucinations involontaires).

- On sait des constructions sémantiques, logiques convaincantes, à partir de la réalité, mais pas avec toute la réalité consciente possible.

- Tout cela est sincère, sans être parfait et on doit aussi faire avec. Bien sûr ce que l'on invente pour servir ses intérêts, lesquels peuvent être honnêtes. La part entre les faits, les convictions, les bonnes informations des choses sur les faits et de ce qui est compris, les communications qui ne sont pas des faits, qui peuvent être des interprétations sous le coup de l'émotion ainsi qu'enfin des mensonges parfois des mensonges finalement intériorisés (crus vrais).

Pour appliquer à une situation d'information préoccupante …

Il est parfois difficile de qualifier les faits qui sont souvent individuels mais perçus, rapportés ou jugés par des autres. Ou encore de les qualifier de sociaux ou collectif. Cela en vue de produire une information juridique et aider à décider en toute Justice.

Les faits graves peuvent appeler des signalements aux autorités ; la gravité des choses de la santé. peut faire qu'il faille en priorité se consacrer à un exercice plus important avant que de dénoncer. Priorités telles que pour préserver la vie de la personne ou conserver sa relation avec elle, lorsqu'elle refuse elle-même de dénoncer ou qu'elle délire sur sa condition ou ses intentions et qu'elle ne passera pas à l'acte.

Lorsque devant un devoir de dénoncer, déroger au secret professionnel, on ne vous reprochera pas de respecter cette priorité des situations essentielles individuelles, mais il faudra prendre des précautions si vous retardez les signalements à la Justice.

Lorsque vous signalez comme information préoccupante. il faut distinguer ce qui est clair et avéré, qui permet directement aux autorités judiciaires de saisir le Président su Conseil Général, (qui entreprend avec le service d'Aide Social à l'Enfance), la Justice lui apportant son concours, selon les protocoles établis, pour obliger des procédés d'enquête que les forces de l'ordre ont quelques difficultés à effectuer.

L'information préoccupante est entreprise pour judiciariser, généralement ensuite comme subsidiaire de l'autorité parentale.

En certains lieux (sociaux) le témoin devra communiquer une information préoccupante et pourra avoir la ressource de s'informer auprès de la personne ; en hôpital ou à l'école. le professionnel a le devoir de se renseigner s'il a quelque doute et pour se prolonger au-delà de ces cadres, il faut faire un signalement qui hors circonstances extraordinaires parviendra plus ou moins directement à la Cellule du Conseil Général chargée des Informations préoccupantes.

De façon générale en cette marge de l'information à « construire », il appartient au gouvernement départemental (Conseil Général) d'effectuer une évaluation sans recourir immédiatement aux forces de l'Ordre, mais muni des autorisations de la Justice.

- Aide Sociale à l'Enfance.
- Protection Maternelle et Infantile qui est sont de détection sanitaires (bien que peu mentionnée dans les principaux articles de droit d'investigation sociale).

D'abord ou ensuite de revenir auprès de la Justice pour judiciariser.

Attention à la façon de procéder dans les prérogatives, on n'agit pas à la place du juge ou/et de la police et on doit éviter de « déborder dans les jugements »

Qualifier un fait reste une opération mentale à partir d'observations, de causes et d'effets rapportés de la réalité. Cela peut être complexe et dans ces réalités complexes, il y a des contextes des raisonnements que l'on effectue inconsciemment (contrairement au prétendu de base de tout pouvoir contrôler : la conscience est une prise de contrôle volontaire mais partielle sur la machinerie cognitive. Il serait antinomique d'avoir le contrôle réflexif des fonctions vitales dans le détail. Elles marchent bien seules, sont essentielles et ne doivent pas être trop perturbées dans leur référence. Consciemment cela est plus ou moins bien exprimé et communiqué dans les pratiques de communication sociale. Communiquer imparfaitement n'est pas toujours signe de mauvaise volonté. L'émotion peut être inappropriée mais utile, comme synthèse d'une perception large, inconsciente cohérente et urgente. Cette cohérence là peut ne pas être celle de la réalité sinon que celle d'une expérience passée sinon imaginaire. Mais cela peut aussi bien être de bonne comme de mauvaise foi. Pour communiquer a posteriori, on recherche aussi une construction sensée mais parfois imaginée. Aussi devant un fait, dans une situation, il faut noter le maximum de repères (faits) pour bien se souvenir, éviter de s'aider d'autres souvenirs (notamment imaginés), pour reconstituer et interpréter.

Construction Cognitive du Fait

Valences sémio-cliniques
1. signes
2. relation
3. symptôme
4. Syndrome (après suffisamment d'itérations, assez de signes et symptômes)

Perception, information, communication
• S'assurer que la communication est bien une information (de faits)
• S'assurer que l'information transmise est bien perçue (bien communiquée exprimée neutre mais informante)

Évaluer prendre conscience, Juger en bonne connaissance des faits
• L'évaluation a procédée comme il faut : sans préjugés, les faits ont bien été vérifiés, au plus près de la réalité
• L'évaluateur ou juge est apte à comprendre, (en bons procédés, équilibré, neutre et ayant pris le temps d'être impartial)

Votre fait est t'il assez fait ? – bien perçu, bien expliqué, censé, étayé et a t'il produit des effets, compréhensibles (où votre interprétation n'est pas arbitraire)
• L'information ou la communication se sont t'ils inscrits dans des processus logiques et possibles (réalistes) ?
• Les comportements produits sont t'ils logiquement en rapport avec les causes et les effets. **Coordonner, assembler, donner du sens aux relations logiques**

• Une action concrète a-t-elle bien suivie
• Les effets sont notables, ils se sont traduits par des effets objectifs, imperméables sans équivoque
Effets, comportements objectifs

Application informatique du modèle
1. entrée/début
2. Unité Arithmétique et Logique (module itératif)
3. halte/fin de si
4. sortie

Valences juridiques
1. faits
2. procédés
3. le jugement
4. effets du jugement (condamnation)

Effet de la complexité : votre cerveau tentera d'équilibrer, il ne le fera pas toujours seulement à partir de toute la réalité de la situation. Donc de prendre toute les précautions den bon investiga-teur pour s'assurer de la bonne qualité (et du bon compte rendu) de son investigation.

Dr Olivier T. Godichet

11

SECRET PROFESSIONNEL

Pour respecter le Secret Professionnel équilibrez vos précautions

Pour servir les principes il convient d'établir des protocoles. Par exemple en matière d'information préoccupantes ces protocoles sont une obligation légale, à être établis en Conseil Général et pouvoir judiciaire). D'en connaître les bons procédés, pour agir naturellement. Mais il faut aussi souvent adapter, s'adapter et parfois interpréter pour bien en rapporter le sens.

De cela la différence entre cas particuliers et conduites à tenir. L'écart aux standards ou la routine permet d'éveiller l'attention. La construction d'une bonne pratique en matière de problèmes ou difficultés qui ne sont que rares demande une attention ou un soutien entretenu de manière, de la sensibilité de détection. Pour baser des comparaisons sur des décours ou détecter des événements anomaux. Lorsque ne sachant pas clairement il faut souvent s'appuyer sur des approximations, tenir compte des imprécisions des oublis ou des contradictions dans les échanges d'informations.

Il convient d'avoir de bons procédés dans le respect, notamment pour « prendre de la hauteur » dans la réalisation du travail technique. La pratique médico-sociale est en fait un tripode, dont l'articulation doit respecter :

1. Servir l'essentiel de la personne : le professionnel doit pouvoir se consacrer à la mise en œuvre de ses techniques ; qu'il s'agisse de consultation clinique, technique para-clinique et qui peuvent avoir grande importance en pratiques judiciaires (détections de sévices à enfants, examens gynécologiques de viol ou de sévices psychologiques);

2. Les éléments d'anamnèse peuvent devoir enregistrer et retenir tous les petits faits pouvant ultérieurement servir soit à la situation médicale : soit de la situation sociale qui pourra indiquer de déroger au secret professionnel. En pratique clinique est naturellement porté à laisser ou écarter ce qui ne relèvent pas de la maladie organique ou des ressources de traitement « clair et concret » usuels conduisant à dévaloriser les conditions psychologiques qu'on maîtrise difficilement. En matière de troubles psychologiques, il est bon de ne **condamner personne à un excès de** « **pré ou post-jugement psychosocial** » (ou diagnostic psychiatrique démobilisant; rester dans l'écoute et le questionnement. C'est-à-dire ne pas trop vite conclure en ce qui concerne la personnalité et de ne pas omettre de soulager.

3. La « prise de hauteur » qui permet de se replacer au niveau plus général, de la personne ; aussi bien pour les éléments explicatifs nécessaires au consentement éclairé qu'il faut chercher aussi souvent que possible auprès de la personne mais aussi des détenteurs de l'autorité parentale), que les précautions du professionnel vis-à-vis des partenaires et de la société. Soit enfin pour évoquer quelque(s) autre(s) piste(s) d'efforts de raisonnements cliniques et sociaux à faire.

Compte tenu de la culture de Droit présent en France, le judiciaire est un lieu « très affiné » de « césures » (où l'on tranche ou place des décisions qui séparent) lesquelles font toute la différence dans la mise en œuvre des règles sociales. Dans cette culture ; on procède à partir des exposés de principes que sont les Lois de façon très réglée. Un vice de procédure peut « tout casser ». Les procédés sont aussi assez conséquents dans certaines professions à risques notamment celles devant particulièrement respecter le secret professionnel : médecins, avocats, journalistes). Sinon encore aussi à intrusions intimes particulièrement sensibles (par exemple dans le psychologique ou le médical). Les choses deviennent très complexes dont dans une société de plus en plus « stressée » (parfois inutilement) ou revendiquant, c'est-à-dire allant facilement à la confrontation auprès des tribunaux.

Pour ce qui concerne le Secret Professionnel on se définira des protocoles et des procédés de son respect notamment:

- Les dossiers (pouvant contenir des choses de secret professionnel).
- Les communications entre professionnels se côtoyant (pouvant facilement ne pas être utilement informatrices ou trop révélatrices).
- Les fichiers informatiques (qui sont facile à perdre ou à disperser et qui facilitent aussi détournements malintentionnés).
- Les mémoires (où les neurosciences montrent que les souvenirs sont loin d'être parfaitement fiables : le souvenir n'a pas l'unique fonction d'être exact), tandis que les mémoires de la société informatique ou administrative ne sont pas idéales et coûtent cher.
- Les précautions de maniements des notions secrètes importantes pour la confidence et la confiance des liens de « gestions co-évolutives».

S'il est rare que l'on se trouve dans des circonstances critiques devant passer en Justice ; on est rarement tenu à l'impossible. Mais il faudra pouvoir faire état, d'efforts et des précautions prises pour garder le secret ; tels que pour consulter, être autorisé, transmettre, écrire à d'autres professionnels, etc. De savoir se référer ou rappeler et préserver les principes autres :

- Droit essentiel de services publics dus à tout
- Droit à la vie privée, d'exercices de l'autorité parentale.
- Respect des faiblesses du sujet (personnes en situations ou conditions de handicaps, sujets non responsables, etc.).
- Non assistance à personne(s) en danger.
- Risques sociaux fondamentaux.

Séquences

Selon les situations, les conditions, peut se retrouver à construire un parcours en perspective différente mais avec dans la même notion, d'où le besoin d'une harmonisation flexible dans la même structure est à mettre en œuvre On indique au moins une question à poser dans le registre. »

Séquence de lecture exemple 1
Sorte de séquence « sujet-centre » et dual (exemple : dans un cadre général)
A. droit essentiel de la personne
B.1 compréhension des professionnels
B.2 précaution du professionnel
C. autorisation du sujet (patient, usager)
D. implications des confidences

Séquence de lecture exemple 2
Sorte de séquence d'évaluation de dérogation au secret
1. relation soumise au secret
2. risque, danger (crime, risque de suicide, danger psychiatrique)
3. procédure à mettre en œuvre
4. procédure de signalement
5. effets pour la personne (ou son contrôle)

Séquence de lecture exemple 3
Sorte de séquence d'autorisation du partage
1. relation de confiance sujet professionnel
3. consentement éclairé
5. effets du partage
2. précautions (notamment s'il n'y a pas lieu de déroger).
4. conscience partagée de ce que le secret s'impose à tous, juridiquement assez souvent par divers moyens

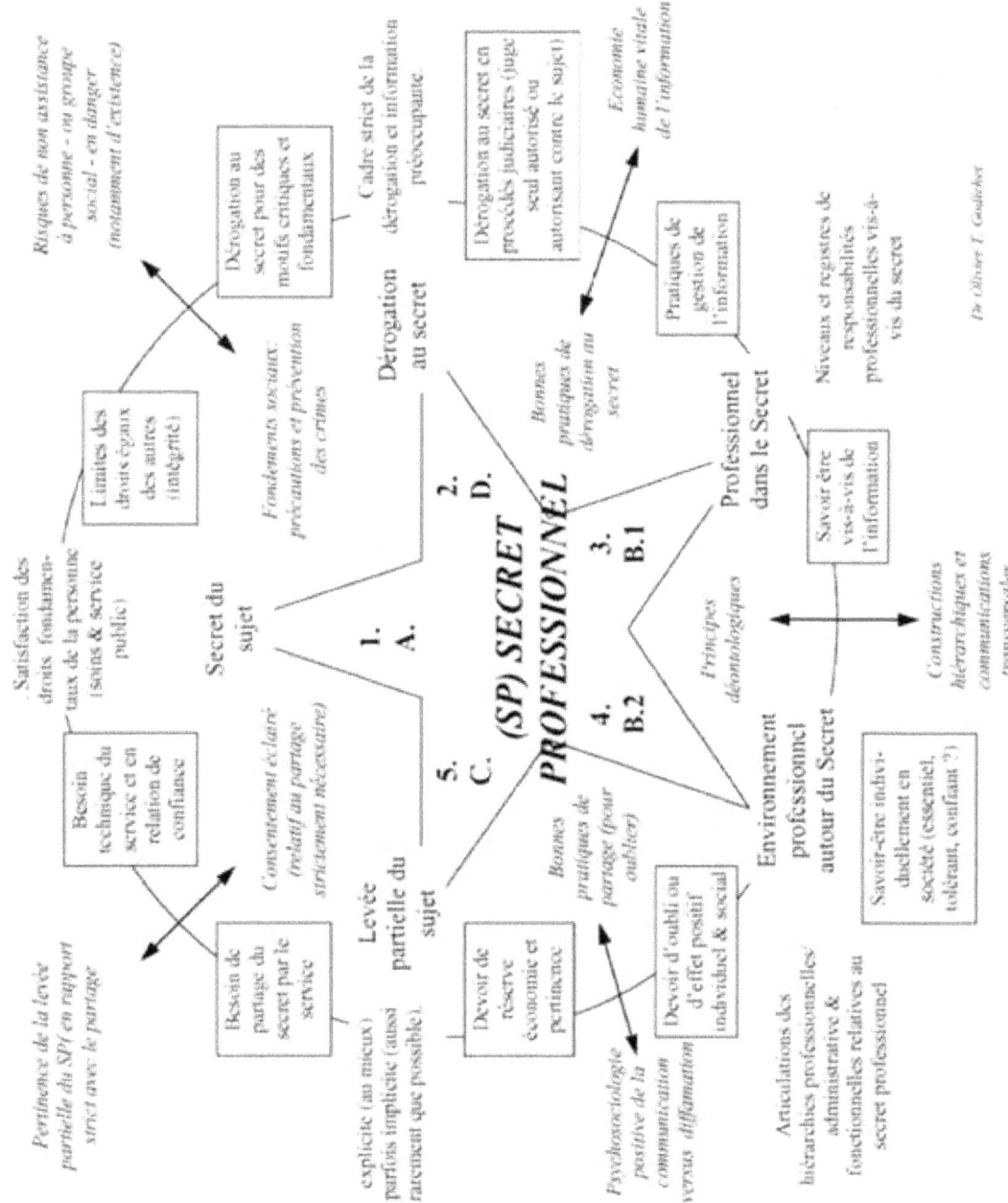

Risques de mon assistance à personne - ou groupe social - en danger (notamment d'existence)

Dérogation au secret pour des motifs critiques et fondamentaux

Cadre strict de la dérogation et information préoccupante

Dérogation au secret en procédés judiciaires (juge seul autorisé ou autorisant contre le sujet)

Économie humaine vitale de l'information

Satisfaction des droits fondamentaux de la personne (soins & service public)

Limites des droits égaux des autres (intégrité)

Fondements sociaux : précautions et prévention des crimes

Dérogation au secret

Bonnes pratiques de dérogation au secret

Pratiques de gestion de l'information

Professionnel dans le Secret

Niveaux et registres de responsabilités professionnelles vis-à-vis du secret

Secret du sujet

2.
D.

(SP) SECRET PROFESSIONNEL

3.
B.1

Savoir être vis-à-vis de l'information

Pertinence de la levée partielle du SP en rapport strict avec le partage

Besoin technique du service et en relation de confiance

Consentement éclairé (relatif au partage strictement nécessaire)

1.
A.

5.
C.

4.
B.2

Principes déontologiques

Constructions hiérarchiques et communications transversales

explicite (au mieux) parfois implicite (aussi rarement que possible).

Besoin de partage du secret par le service

Levée partielle du sujet

Bonnes pratiques de partage (pour oublier)

Environnement professionnel autour du Secret

Savoir-être individuellement en société (essentiel, tolérant, confiant ?)

Devoir de réserve économie et permanence

Devoir d'oubli ou d'effet positif individuel & social

Psychosociologie positive de la communication versus diffamation

Articulations des hiérarchies professionnelles/ administrative & fonctionnelles relatives au secret professionnel

Dr Gilbert T Goidebet

Professions explicitement soumises au Secret Professionnel

(repris du GUIDE METHODOLOGIQUE DE ONTOLOGIE ET SECRET PROFESSIONNEL EN ACTION SOCIALE ET MEDICO-SOCIALE voir aussi le tableau du Secret professionnel par fonction et métiers de ce même guide)

	Tout professionnel de santé et tout professionnel intervenant dans le système de santé [art. L1110-4 CSP] ;
CHAMP MÉDICAL ET PARAMÉDICAL *	Médecins [art. R4127-4 CSP] ;
	Chirurgiens-dentistes [art. R4127-206 et R4127-207 CSP] ;
	Sages-femmes [art. R4127-303 CSP] ;
	Infirmiers et étudiants des instituts de formation [art. L4314-3 et art. R4312-4 CSP] ;
	Masseurs-kinésithérapeutes et étudiants en masso-kinésithérapie [art. L4323-3 et R4321-55 CSP] ;
	Pédicures-podologues [art. L4323-3 et R4322-35 CSP] ;
	Orthophonistes, orthoptistes et élèves en études préparatoires [art. L4344-2 CSP] ;
	Pharmaciens [art. R4235-5 CSP].
CHAMP SOCIAL ET MÉDICO-SOCIAL **	Assistants de service social et étudiants des écoles, quelque soit le lieu d'exercice professionnel [art. L411-3 CASF ; art. 3 et 4 du Code de déontologie du 28 novembre 1994].
	Avocats [art. 66-5 Loi n° 71-1130 du 31/12/1971] ;
CHAMP JUDICIAIRE, JURIDIQUE ET POLICIER	Policiers [art. 11 Décret n° 86-592 du 18/03/1986 (Code de déontologie de la Police nationale)] ;
	Membres des Services Pénitentiaires d'Insertion et de Probation (SPIP) [art. D581 CPP] ;
	Médiateurs [arrêt de la Chambre Criminelle de la Cour de cassation du 28/02/2001] ;
	Conciliateurs de justice [art. 8 du Décret n°78-381 du 20 mars 1978 relatif aux conciliateurs de justice] ;
	Toute personne qui concourt à la procédure au cours de l'enquête et de l'instruction (ex. : gendarmes, experts, associations habilitées...) [art. 11 du CPP].

Le respect du secret professionnel s'impose à tous et doit être respecté par tous y compris par les autorités judiciaires. Les dérogations sont strictement définies à la Loi et ont des procédés précis et dans la plus stricte économie. Ne pas être expressément soumis ne vous donne pas droit de livrer ce que savez de façon injustifiée. Quelque que professionnel que l'on soit, on peut risquer à des degrés divers : diffamation – atteinte à la réputation (de son administration) – violation lorsque sous couvert d'un professionnel – non respect du devoir de réserve ou – violation du secret professionnel d'un autre.

Secret Professionnel Général du Médecin et Professionnels dans le partage (du respect du SP)

Principes

Principes régisseurs : secret professionnel droit fondamental de la personne (respect de la vie privée), responsabilité personnelle du professionnel, professionnels particulièrement soumis (médecin, pharmacien, odontologue, sage femme, etc.); dérogations légales explicites, dérogations possibles ou obligatoires, partage du secret sous couvert du professionnel (le plus astreint au secret professionnel), obligation de comparaître, devoir de se taire, droit de se défendre, pouvoir se justifier (auprès de ses pairs).
Information intime, identifiée ou obtenue en lien avec la profession.

Code Civil

Respect de sa vie privée	
Article 9 créé par Loi 1803-03-08 promulguée le 18 mars 1803, modifié par Loi 1927-08-10 art. 13 ; modifié par Loi n°70-643 du 17 juillet 19 70 - art. 22 JORF 19 juillet 1970 ; modifié par Loi n°94-653 du 29 juillet 1994 - art. 1 JORF 30 juillet 1994	Chacun a droit au respect de sa vie privée. Les juges peuvent, sans préjudice de la réparation du dommage subi, prescrire toutes mesures, telles que séquestre, saisie et autres, propres à empêcher ou faire cesser une atteinte à l'intimité de la vie privée : ces mesures peuvent, s'il y a urgence, être ordonnées en référé.

Code Pénal

Révélation de Secret Art. 226-13 modifié par Ordonnance n°2000-916 du 19 septembre 2000 - art. 3 (V) JORF 22 septembre 2000 en vigueur le 1er janvier 2002	La révélation d'une information à caractère secret par une personne qui en est dépositaire soit par état ou par profession, soit en raison d'une fonction ou d'une mission temporaire, est punie d'un an d'emprisonnement et de 15000 euros d'amende.
Autorisation de révélation du secret Art. 226-14 modifié par Loi n°2003-239 du 18 mars 2003 - art. 85 ; modifié par Loi n°2007-297 du 5 mars 2007 - art. 34 JORF 7 mars 2007	L'article 226-13 n'est pas applicable dans les cas où la loi impose ou autorise la révélation du secret. En outre, il n'est pas applicable : 1° A celui qui informe les autorités judiciaires, médicales ou administratives de privations ou de sévices, y compris lorsqu'il s'agit d'atteintes ou mutilations sexuelles, dont il a eu connaissance et qui ont été infligées à un mineur ou à une personne qui n'est pas en mesure de se protéger en raison de son âge ou de son incapacité physique ou psychique ; 2° Au médecin qui, avec l'accord de la victime, porte à la connaissance du procureur de la République les sévices ou privations qu'il a constatés, sur le plan physique ou psychique, dans l'exercice de sa profession et qui lui permettent de présumer que des violences physiques, sexuelles ou psychiques de toute nature ont été commises. Lorsque la victime est un mineur ou une personne qui n'est pas en mesure de se protéger en raison de son âge ou de son incapacité physique ou psychique, son accord n'est pas nécessaire ; 3° Aux professionnels de la santé ou de l'action sociale qui informent le préfet et, à Paris, le préfet de police du caractère dangereux pour elles-mêmes ou pour autrui des personnes qui les consultent et dont ils savent qu'elles détiennent une arme ou qu'elles ont manifesté leur intention d'en acquérir une. Le signalement aux autorités compétentes effectué dans les conditions prévues au présent article ne peut faire l'objet d'aucune sanction disciplinaire.
Anticipation de risque de crime Art. 434-1 modifié par Ordonnance n°2000-916 du 19 septembre 2000 - art. 3 (V) JORF 22 septembre 2000 en vigueur le 1er janvier 2002	Le fait, pour quiconque ayant connaissance d'un crime dont il est encore possible de prévenir ou de limiter les effets, ou dont les auteurs sont susceptibles de commettre de nouveaux crimes qui pourraient être empêchés, de ne pas en informer les autorités judiciaires ou administratives est puni de trois ans d'emprisonnement et de 45000 euros d'amende. Sont exceptées des dispositions qui précèdent, sauf en ce qui concerne les crimes commis sur les mineurs de quinze ans : 1° Les parents en ligne directe et leurs conjoints, ainsi que les frères et sœurs et leurs conjoints, de l'auteur ou du complice du crime ; 2° Le conjoint de l'auteur ou du complice du crime, ou la personne qui vit notoirement en situation maritale avec lui. Sont également exceptées des dispositions du premier alinéa les personnes astreintes au secret dans les conditions prévues par l'article 226-13.
Personnes devant être protégées Art. 434-3 modifié par Ordonnance n°2000-916 du 19 septembre 2000 - art. 3 (V) JORF 22 septembre 2000 en vigueur le 1er janvier 2002	Le fait, pour quiconque ayant eu connaissance de privations, de mauvais traitements ou d'atteintes sexuelles infligés à un mineur de quinze ans ou à une personne qui n'est pas en mesure de se protéger en raison de son âge, d'une maladie, d'une infirmité, d'une déficience physique ou psychique ou d'un état de grossesse, de ne pas en informer les autorités judiciaires ou administratives est puni de trois ans d'emprisonnement et de 45000 euros d'amende. Sauf lorsque la loi en dispose autrement, sont exceptées des dispositions qui précèdent les personnes astreintes au secret dans les conditions prévues par l'article 226-13.

Code de Procédure Pénal

Obligation de Comparaître (de toute façon) Article 109 modifié par Loi n°2000-1354 du 30 décembre 2000 - art. 8 JORF 31 décembre 2000 en vigueur le 1er janvier 2001	Toute personne citée pour être entendue comme témoin est tenue de comparaître, de prêter serment et de déposer **sous réserve des dispositions des articles 226-13 et 225-14 du code pénal**. [...] (évidemment relatif au respect du secret professionnel) Si le témoin ne comparaît pas ou refuse de comparaître, le juge d'instruction peut, sur les réquisitions du procureur de la République, l'y contraindre par la force publique
Article 437 modifié par LOI n°2010-1 du 4 janvier 2010 - art. 4	Toute personne citée pour être entendue comme témoin est tenue de comparaître, de prêter serment et de déposer **sous réserve des dispositions des articles 226-13 et 226-14 du code pénal** [...]

16

Comparution obligatoire sinon condamnation (appelable dans le délai) Article 326 modifié par LOI n°2010-1 du 4 janvier 2010 - art. 4 (V)	Lorsqu'un témoin cité ne comparaît pas, la cour peut, sur réquisitions du ministère public ou même d'office, ordonner que ce témoin soit immédiatement amené par la force publique devant la cour pour y être entendu, ou renvoyer l'affaire à la prochaine session. Dans tous les cas, le témoin qui ne comparaît pas ou qui refuse soit de prêter serment, soit de faire sa déposition peut, sur réquisitions du ministère public, être condamné par la cour à une amende de 3 750 euros. L'obligation de déposer s'applique sous réserve des dispositions des articles 226-13 et 226-14 du code pénal et de la faculté, pour tout journaliste entendu comme témoin sur des informations recueillies dans l'exercice de son activité, de ne pas en révéler l'origine. L'opposition est ouverte au condamné qui n'a pas comparu. L'opposition s'exerce dans les cinq jours de la signification de l'arrêt faite à sa personne ou à son domicile. La cour statue sur cette opposition soit pendant la session en cours, soit au cours d'une session ultérieure.

Code de l'Action Sociale et des Familles CASF

Droits à l'intimité de la vie privée Article L311-3 modifié par LOI n°2011-525 du 17 mai 2011 - art. 141	L'exercice des droits et libertés individuels est garanti à toute personne prise en charge par des établissements et services sociaux et médico-sociaux. Dans le respect des dispositions législatives et réglementaires en vigueur, lui sont assurés : 1° Le respect de sa dignité, de son intégrité, de sa vie privée, de son intimité et de sa sécurité ; 2° Sous réserve des pouvoirs reconnus à l'autorité judiciaire et des nécessités liées à la protection des mineurs en danger et des majeurs protégés, le libre choix entre les prestations adaptées qui lui sont offertes soit dans le cadre d'un service à son domicile, soit dans le cadre d'une admission au sein d'un établissement spécialisé ; 3° Une prise en charge et un accompagnement individualisé de qualité favorisant son développement, son autonomie et son insertion, adaptés à son âge et à ses besoins, respectant son consentement éclairé qui doit systématiquement être recherché lorsque la personne est apte à exprimer sa volonté et à participer à la décision. A défaut, le consentement de son représentant légal doit être recherché ; 4° La confidentialité des informations la concernant ; 5° L'accès à toute information ou document relatif à sa prise en charge, sauf dispositions législatives contraires ; 6° Une information sur ses droits fondamentaux et les protections particulières légales et contractuelles dont elle bénéficie, ainsi que sur les voies de recours à sa disposition ; 7° La participation directe ou avec l'aide de son représentant légal à la conception et à la mise en œuvre du projet d'accueil et d'accompagnement qui la concerne.
Dossier D312-59-6 modifié par le Décret n°2009-378 du 2 avril 2009 - art. 3	Un dossier individuel renseigné et actualisé est ouvert pour chaque personne admise. Le dossier retrace l'évolution de la personne au cours de son accompagnement. Il comporte les divers volets correspondant aux composantes thérapeutique, éducative et pédagogique du projet personnalisé d'accompagnement, notamment le projet personnalisé de scolarisation notifié par la commission des droits et de l'autonomie des personnes handicapées et le dossier établi lors de l'admission, ainsi que tous les comptes rendus de réunions ou d'intervention concernant l'enfant, l'adolescent ou le jeune adulte. Il contient les autorisations écrites demandées aux parents ou aux détenteurs de l'autorité parentale. Il fait aussi mention des faits notables intervenus dans le cadre de l'accompagnement et des suites qui leur ont été données. A l'issue de l'accompagnement, le dossier est complété par les informations qui permettront son suivi tel que prévu au deuxième alinéa de l'article D. 312-59-15. Les certificats médicaux, les résultats des examens cliniques et complémentaires pratiques à l'intérieur ou à l'extérieur de l'établissement ou du service figurent dans le dossier médical de l'intéressé. Le contenu et l'usage des dossiers doivent être conformes à la législation en vigueur et notamment aux articles L. 1111-7 et L. 1111-8 du code de la santé publique.

Code de Santé Publique

Secret professionnel et structures ou réseaux Art. L1110-4 modifié par LOI n°2011-940 du 10 août 2011 - art. 2	Toute personne prise en charge par un professionnel, un établissement, un réseau de santé ou tout autre organisme participant à la prévention et aux soins a droit au respect de sa vie privée et du secret des informations la concernant. Excepté dans les cas de dérogation, expressément prévus par la loi, ce secret couvre l'ensemble des informations concernant la personne venues à la connaissance du professionnel de santé, de tout membre du personnel de ces établissements ou organismes et de toute autre personne en relation, de par ses activités, avec ces établissements ou organismes. Il s'impose à tout professionnel de santé, ainsi qu'à tous les professionnels intervenant dans le système de santé. Deux ou plusieurs professionnels de santé peuvent toutefois, sauf opposition de la personne dûment avertie, échanger des informations relatives à une même personne prise en charge, afin d'assurer la continuité des soins ou de déterminer la meilleure prise en charge sanitaire possible. Lorsque la personne est prise en charge par une équipe de soins dans un établissement de santé, les informations la concernant sont réputées confiées par le malade à l'ensemble de l'équipe. Les informations concernant une personne prise en charge par un professionnel de santé au sein d'une maison ou d'un centre de santé sont réputées confiées par la personne aux autres professionnels de santé de la structure qui la prennent en charge, sous réserve : 1° Du recueil de son consentement exprès, par tout moyen, y compris sous forme dématérialisée. Ce consentement est valable tant qu'il n'a pas été retiré selon les mêmes formes ; 2° De l'adhésion des professionnels concernés au projet de santé mentionné aux articles L. 6323-1 et L. 6323-3. La personne, dûment informée, peut refuser à tout moment que soient communiquées à un ou plusieurs professionnels de santé. Afin de garantir la confidentialité des informations médicales mentionnées aux alinéas précédents, leur conservation sur support informatique, comme leur transmission par voie électronique entre professionnels, sont soumises à des règles définies par décret en Conseil d'Etat pris après avis public et motivé de la Commission nationale de l'informatique et des libertés. Ce décret détermine les cas où l'utilisation de la carte de professionnel de santé mentionnée au dernier alinéa de l'article L. 161-33 du code de la sécurité sociale ou un dispositif équivalent agréé par l'organisme chargé d'émettre la carte de professionnel de santé est obligatoire. La carte de professionnel de santé et les dispositifs équivalents agréés sont utilisés par les établissements de santé, les réseaux de santé ou tout autre organisme participant à la prévention et aux soins. Le fait d'obtenir ou de tenter d'obtenir la communication de ces informations en violation du présent article est puni d'un an d'emprisonnement et de 15 000 euros d'amende. En cas de diagnostic ou de pronostic grave, le secret médical ne s'oppose pas à ce que la famille, les proches de la personne malade ou la personne de confiance définie à l'article L. 1111-6 reçoivent les informations nécessaires destinées à leur permettre d'apporter un soutien direct à celle-ci, sauf opposition de sa part. Seul un médecin est habilité à délivrer, ou à faire délivrer sous la responsabilité, les informations concernant une personne décédée soient délivrées à ses ayants droit, dans la mesure où elles leur sont nécessaires pour leur permettre de connaître les causes de la mort, de défendre la mémoire du défunt ou de faire valoir leurs droits, sauf volonté contraire exprimée par la personne avant son décès. Le secret médical ne fait pas obstacle à ce que les informations concernant une personne décédée soient délivrées à ses ayants droit, dans la mesure où elles leur sont nécessaires pour leur permettre de connaître les causes de la mort, de défendre la mémoire du défunt ou de faire valoir leurs droits, sauf volonté contraire exprimée par la personne avant son décès.

17

Dérogation à l'obtention du consentement des personnes Art. L1111-5 Modifié par Loi n°2005-370 du 22 avril 2005 - art. 10 JORF 23 avril 2005	Par dérogation à l'article 371-2 du code civil, le médecin peut se dispenser d'obtenir le consentement du ou des titulaires de l'autorité parentale sur les décisions médicales à prendre lorsque le traitement ou l'intervention s'impose pour sauvegarder la santé d'une personne mineure, dans le cas où cette dernière s'oppose expressément à la consultation du ou des titulaires de l'autorité parentale afin de garder le secret sur son état de santé. Toutefois, le médecin doit dans un premier temps s'efforcer d'obtenir le consentement du mineur à cette consultation. Dans le cas où le mineur maintient son opposition, le médecin peut mettre en œuvre le traitement ou l'intervention. Dans ce cas, le mineur se fait accompagner d'une personne majeure de son choix. Lorsqu'une personne mineure, dont les liens de famille sont rompus, bénéficie à titre personnel du remboursement des prestations en nature de l'assurance maladie et maternité et de la couverture complémentaire mise en place par la loi n°99-641 du 27 juillet 1999 portant création d'une couverture maladie universelle, son seul consentement est requis.
Code de déontologie décret de Conseil d'Etat Art. L4127.1	Un code de déontologie, propre à chacune des professions de médecin, chirurgien dentiste et sage-femme, préparé par le conseil national de l'ordre intéressé, est édicté sous la forme d'un décret en Conseil d'Etat.
Source du SP médecin, infirmiers, sage-femme étendue et origine Art. R. 4127-4 Code de déontologie médicale Art. 4 Art. R. 4312-4 Art.R. 4127-303	Le secret professionnel institué dans l'intérêt des patients s'impose à tout médecin dans les conditions établies par la loi. Le secret couvre tout ce qui est venu à la connaissance du médecin dans l'exercice de sa profession, c'est-à-dire non seulement ce qui lui a été confié, mais aussi ce qu'il a vu, entendu ou compris. Le secret professionnel s'impose à tout infirmier ou infirmière et à tout étudiant infirmier dans les conditions établies par la loi. Le secret couvre non seulement ce qui a lui a été confié, mais aussi ce qu'il a vu, lu, entendu, constaté ou compris. L'infirmier ou l'infirmière instruit ses collaborateurs de leurs obligations en matière de secret professionnel et veille à ce qu'ils s'y conforment. Le secret professionnel institué dans l'intérêt des patients s'impose à toute sage-femme dans les conditions établies par la loi. Le secret couvre tout ce qui est venu à la connaissance de la sage-femme dans l'exercice de sa profession, c'est-à-dire non seulement ce qui lui a été confié, mais aussi ce qu'elle a vu, entendu ou compris. La sage-femme doit veiller à ce que les personnes qui l'assistent dans son travail soient instruites de leurs obligations en matière de secret professionnel et s'y conforment. La sage-femme doit veiller à la protection contre toute indiscrétion de ses fiches cliniques et des documents qu'elle peut détenir concernant ses patientes. Lorsqu'elle se sert de ses observations médicales pour des publications scientifiques, elle doit faire en sorte que l'identification des patientes ne soit pas possible.
Médecin et information consentement Art. R4127-35 ; modifié par Décret n°2012-694 du 7 mai 2012 - art. 2 Code de déontologie médicale Art. 35	Le médecin doit à la personne qu'il examine, qu'il soigne ou qu'il conseille une information loyale, claire et appropriée sur son état, les investigations et les soins qu'il lui propose. Tout au long de la maladie, il tient compte de la personnalité du patient dans ses explications et veille à leur compréhension. Toutefois, lorsqu'une personne demande à être tenue dans l'ignorance d'un diagnostic ou d'un pronostic, sa volonté doit être respectée, sauf si des tiers sont exposés à un risque de contamination. Un pronostic fatal ne doit être révélé qu'avec circonspection, mais les proches doivent en être prévenus, sauf exception ou si le malade a préalablement interdit cette révélation ou désigné les tiers auxquels elle doit être faite.
Médecin SP dérogation, dénonciation de sévices et prudence Art R4127- 44 modifié par Décret n°2012-694 du 7 mai 2012 - art. 2 Code de déontologie médicale Art. 44	Lorsqu'un médecin discerne qu'une personne auprès de laquelle il est appelé est victime de sévices ou de privations, il doit mettre en œuvre les moyens les plus adéquats pour la protéger en faisant preuve de prudence et de circonspection. Lorsqu'il s'agit d'un mineur ou d'une personne qui n'est pas en mesure de se protéger en raison de son âge ou de son état physique ou psychique, il alerte les autorités judiciaires ou administratives, sauf circonstances particulières qu'il apprécie en conscience.
Echange d'informations entre praticiens traitants Art. R. 4127-64	Lorsque plusieurs médecins collaborent à l'examen ou au traitement d'un malade, ils doivent se tenir mutuellement informés ; chacun des praticiens assume ses responsabilités personnelles et veille à l'information du malade. Chacun des médecins peut librement refuser de prêter son concours, ou le retirer, à condition de ne pas nuire au malade et d'en avertir ses confrères. [...]
Exercice en responsabilité personnelle Art. R. 4127- 69	L'exercice de la médecine est personnel ; chaque médecin est responsable de ses décisions et de ses actes. [...]
Partage de l'obligation de SP Art.R4127-72 ; Code de déontologie médicale Art. 72	Le médecin doit veiller à ce que les personnes qui l'assistent dans son exercice soient instruites de leurs obligations en matière de secret professionnel et s'y conforment. Il doit veiller à ce qu'aucune atteinte ne soit portée par son entourage au secret qui s'attache à sa correspondance professionnelle.
Protection des documents médicaux Art. R4127-73 Code de déontologie médicale Art. 73	Le médecin doit protéger contre toute indiscrétion les documents médicaux concernant les personnes qu'il a soignées ou examinées, quels que soient le contenu et le support de ces documents. Il en va de même des informations médicales dont il peut être le détenteur. Le médecin doit faire en sorte, lorsqu'il utilise son expérience ou ses documents à des fins de publication scientifique ou d'enseignement, que l'identification des personnes ne soit pas possible. A défaut, leur accord doit être obtenu.
Médecin, et priorités Art. R4127-95 modifié par Décret n°2006-1585 du 13 décembre 2006 - art. 1 JORF 14 décembre 2006 Code de déontologie médicale Art. 95	Le fait pour un médecin d'être lié dans son exercice professionnel par un contrat ou un statut à un autre médecin, une administration, une collectivité ou tout autre organisme public ou privé n'enlève rien à ses devoirs professionnels et en particulier à ses obligations concernant le secret professionnel et l'indépendance de ses décisions. En aucune circonstance, le médecin ne peut accepter de limitation à son indépendance dans son exercice médical de la part du médecin, de l'entreprise ou de l'organisme qui l'emploie ou qui le rémunère. Il doit toujours agir, en priorité, dans l'intérêt de la santé publique et dans l'intérêt des personnes et de leur sécurité au sein des entreprises ou des collectivités où il exerce.

Médecin et dossiers médicaux Art. R4127-96	Sous réserve des dispositions applicables aux établissements de santé, les dossiers médicaux sont conservés sous la responsabilité du médecin qui les a établis.
SP Médecin et Adminis-tration ou Organisme Art. R4127-104 Code de déontologie médicale Art 104	Le médecin chargé du contrôle est tenu au secret envers l'administration ou l'organisme qui fait appel à ses services. Il ne peut et ne doit lui fournir que ses conclusions sur le plan administratif, sans indiquer les raisons d'ordre médical qui les motivent. Les renseignements médicaux nominatifs ou indirectement nominatifs contenus dans les dossiers établis par ce médecin ne peuvent être communiqués ni aux personnes étrangères au service médical ni à un autre organisme.
Incompatibilité médecin traitant médecin expert Art. R. 4127-105	Nul ne peut être à la fois médecin expert et médecin traitant d'un même malade [...]
Refuser la réquisition de ses services. Art. R. 4127-106	Lorsqu'il est investi d'une mission, le médecin expert doit se récuser s'il estime que les questions qui lui sont posées sont étrangères à la technique proprement médicale, à ses connaissances, à ses possibilités ou qu'elles l'exposeraient à contrevenir aux dispositions du présent Code de déontologie.
Informer de son expertise Art. R. 4127-107	Le médecin expert doit, avant d'entreprendre toute opération d'expertise, informer la personne qu'il doit examiner de sa mission et du cadre juridique dans lequel son avis est demandé.
Délimiter le compte rendu d'expertise Art. R. 4127-108	Dans la rédaction de son rapport, le médecin expert ne doit révéler que les éléments de nature à apporter la réponse aux questions posées. Hors de ces limites, il doit taire tout ce qu'il a pu connaître à l'occasion de cette expertise [...]

Code de l'Action Sociale et des Familles

Compétence de collecte et d'information peuvent obtenir des informations de statut administratif de santé (hors champ du secret médical) Article L262-40 modifié par LOI n°2008-1249 du 1er décembre 2008 - art. 3	Pour l'exercice de leurs compétences, le président du conseil général, les représentants de l'État et les organismes chargés de l'instruction et du service du revenu de solidarité active demandent toutes les informations nécessaires à l'identification de la situation du foyer [...]
Droits garanti à toute personne prise en charge par des établissements et services sociaux et médico-sociaux Article L311-3 modifié par LOI n°2011-525 du 17 mai 2011 - art. 14 1	L'exercice des droits et libertés individuels est garanti à toute personne prise en charge par des établissements et services sociaux et médico-sociaux. Dans le respect des dispositions législatives et réglementaires en vigueur, lui sont assurés : 1° Le respect de sa dignité, de son intégrité, de sa vie privée, de son intimité et de sa sécurité ; 2° Sous réserve des pouvoirs reconnus à l'autorité judiciaire et des nécessités liées à la protection des mineurs en danger et des majeurs protégés, le libre choix entre les prestations adaptées qui lui sont offertes soit dans le cadre d'un service à son domicile, soit dans le cadre d'une admission au sein d'un établissement spécialisé ; 3° Une prise en charge et un accompagnement individualisé de qualité favorisant son développement, son autonomie et son insertion, adaptés à son âge et à ses besoins, respectant son consentement éclairé qui doit systématiquement être recherché lorsque la personne est apte à exprimer sa volonté et à participer à la décision. A défaut, le consentement de son représentant légal doit être recherché. [...]

Code de la Sécurité Sociale

Respect de la liberté d'exercer Art. L162-2. Créé par Décret 85-1353 1985-12-17 art. 1 JORF 21 Décembre 1985	Dans l'intérêt des assurés sociaux et de la santé publique, le respect de la liberté d'exercice et de l'indépendance professionnelle et morale des médecins est assuré conformément aux principes déontologiques fondamentaux que sont le libre choix du médecin par le malade, la liberté de prescription du médecin, le secret professionnel, le paiement direct des honoraires par le malade, la liberté d'installation du médecin, sauf dispositions contraires en vigueur à la date de promulgation de la loi n° 71-525 du 3 juillet 1971.

La Jurisprudence

| COUR DE CASSATION CONSEIL D'ETAT COUR EUROPEENNE | Arrêt WATTELET (19 décembre 1885) --------- Arrêt DEGRAENE (8 mai 1947) --------- Avis de la Section Sociale du 6 février 1951 --------- avis de la Section Sociale du 2 juin 1953 --------- Arrêt d'assemblée du 12 avril 1957 Ministère de l'économie c/W....) --------- Crim, 8 octobre 1997, Bull. crim. 1997, no 329, pourvoi no 94-84.801). --------- Cour de Cassation aff. Gubler 14 déc. 1999 --------- Conseil d'État n°253711, 3e et 8e sous-sec fions réunies, 7 juillet 2004 --------- La Cour européenne (no 69742/01, 27 juillet 2006, Gubler c/ France) --------- décision de la chambre criminelle a rendu le 16 février 2010 (Bull. crim. 2010, no 27, pourvoi no 09-86.363). --------- arrêt rendu le 30 juin 2010) --------- (pourvoi no 09-81.674) |

Dossiers Médicaux ou Professionnels Points clefs

- Dans une réalité mal organisée, protéger le secret professionnel ressemble à un emboîtement de précautions où les clefs d'ensemble doivent être les plus fortes tandis que les manquements du respect au secret sont les plus fragiles. Les autres professionnels successivement « sous couvert du professionnel le plus soumis au secret » ont certaines clefs, doivent pouvoir aller à leur composant sans aller affecter le principe. D'où la difficulté si les collègues associés informés procèdent mal avec l'information, ne sont pas assez corrects dans leur obligation.

- La prérogative de la hiérarchie est de faire que le système fonctionne, que les professionnels travaillent, elle n'a pas un droit complet d'accès aux notions secrètes appartenant à la personne. Elle peut être sanctionnée de son irrespect du vouloir professionnel ou une mauvaise organisation de la protection du secret, de vouloir passer outre, de s'attribuer des droits d'accès croyant bien servir, mais en fait introduisant des vices de formes.

- Dans une réalité bien organisée on aurait idéalement les distinctions déjà mentionnées. Bonne séparations dans le dossier, devrait savoir fonctionner avec des photocopies cachant bien ce qui ne doit pas être lu, le téléphone en confidence presque anonyme (amis en conscience), en économie de l'information (le juste nécessaire) et avec enveloppes bien cachetées et bien adressées aux professionnels soumis aux mêmes soumis

- Les sécurités de systèmes informatiques (codes d'entrée, droit d'accès seraient idéaux, peut être plutôt dans un carte mémoire personnelle bien connue par le sujet dans la condition où tout le monde serait parfait en gestion informatique et rigoureux dans le respect des accès). En pratique l'informatique a vite fait d'employer les mauvais dégradés, non oublieux des réalités des personnes. Contradictoirement mais logiquement, les administrations préfèrent la centralisation, pour pouvoir vérifier dans leurs cas qui bien délimitées. Cependant en contradiction avec l'histoire centralisée de la France, les dossiers des personnes n'appartiennent plus exclusivement à l'Etat (orientation européenne). En matière de dossier médical hospitalier les copies peuvent être faites, elles sont cependant au frais de la personne (du sujet ou de la Justice)

Conservation de l'Accès du patient à son Dossier

- Droit essentiel du patient de le consulter (l'Europe promeut, l'Etat français a une tradition contraire)
- Consultation généralement sur place (cabinet, établissement, tribunal)
- La responsabilité d'un professionnel peut être mise en cause dans les 10 ans à partir de la consolidation du dommage (il est donc responsable de la conservation)
- On est obligé de communiquer ce que nécessaire à la relation thérapeutique. Mais ce partage reste appréciatif, il peut être interdit par le sujet (client) et aussi reste soumis au secret professionnel ou au devoir de réserve.
- Délai de conservation : conservation 20ans, 28ans pour dossier de mineur, 10 ans après décès de la personne.
- Logistique de conservation (20 ans + minorité)
  - o Dossier papier : support lisible pendant 30 ans
  - o Files électroniques Loi informatique et liberté (communication fichiers)

Comment bien faire le dossier de la personne le :
en classant selon le secret que l'on doit assurer

- Arriver à différencier dossier médical (& notes personnelles) – dossier administratif ou social (& notes intermédiaires)
- Théoriquement : hors dossier médical jamais d'éléments médicaux hors enveloppe cachetée qui doit indiquer le destinataire du « partage ».
- Economie des écrits, bonne direction (personnes) des écrits.
- Stockage protégé (armoire solide, fermetures à clefs, protocole de gestion des clefs)

Ce qui est séparable du dossier

- On ne saisit pas les notes professionnelles (mais on ne peut pas arguer de cela pour empêcher la saisie du dossier) les normes des autres personnes (qui n'ont pas à être mentionnées sont à rayer... marker, etc.)
- Les notes intermédiaires administratives ne sont pas saisissables (mais on ne peut pas arguer de cela pour empêcher la saisie du dossier). La saisie doit se faire dans les formes.
- Les documents achevés, confirmés et notes de synthèse ou observation sont le dossier il faut donc s'efforcer d'avoir une bonne gestion de ses feuilles, fiches et faire des notes de synthèse.

Sécurités de l'accès au dossier

- Les dossiers médicaux hors structures purement médicales (hôpitaux) sont toujours sous la responsabilité directe du médecin qui est en lien avec la personne (recherche du secret professionnel le plus fort).
- Le directeur administratif n'a autorité que sur le dossier administratif et si celui-ci est bien séparé des dossiers propres du professionnel principal soumis au secret. C'est le professionnel soumis (en lien avec le titulaire du dossier) qui doit séparer.
- Ce n'est pas la profession qui autorise mais le sujet (bénéficiaire titulaire du dossier et du secret) et le lien (professionnel en relation avec la personne)
- Le membre du Conseil de l'Ordre qui intervient en cas de réquisition ne fait qu'observer le procédé et procède au décompte des pièces saisies.
- Dans le doute ou la confusion, ce qui prévaut c'est le plus (respect) et non le moins. Pour faciliter sans révéler il faut bien séparer, avoir des séparations faciles et des protocoles d'accès protégés.
- Le seul qui peut facilement accepter la délégation c'est le sujet du dossier. Le professionnel responsable doit se méfier et savoir qu'il vaut mieux ne pas avoir à aller chercher quelque chose de nécessaire dans le secret.
- Pour les autres autour, de se rappeler que savoir n'est pas divulguer librement. Tous sont soumis au secret (c'est le vrai partage).

La gestion de la sécurité du dossier

- Local et/ou placards de sécurité, à clefs entre les mains du médecin, gestion rigoureuse. Seul le professionnel peut ouvrir ou déléguer), uniquement dans le cadre du service soumis au secret médical-professionnel ouverture sous sa responsabilité avec son accord, en sa présence
- La hiérarchie peut être responsable de ne pas fournir les moyens appropriés pour garder le secret (moyens physiques et autres)

PROCÉDÉ

1.
- La personne qui perquisitionne a-t-elle, procède t'elle, montre t'elle sa qualité, la bonne pièce et précise t'elle assez ce qu'utile ?
- La perquisition n'est pas une enquête banale de police
- Une enquête de flagrance a 8 jours, sous contrôle d'un juge pour effectuer rapidement dans l'avéré et l'urgent. Ce qui vous concerne est le risque, les circonstances: armes, artifices criminels, danger immédiat pour autrui(s).

2.
- La perquisition au cabinet ou lieux de secrets professionnels en dossiers
- La perquisition ne peut se faire qu'avec accord, de refuser si le motif n'est pas dérogatoire et claire : avec commission rogatoire. Le juge doit respecter et faire respecter le secret professionnel. La perquisition, pour les médecins, notaires et huissiers doit se faire en présence d'un représentant de leur Ordre

3.
- La perquisition sans commission rogatoire peut avoir des circonstances et formes de coopération sans affecter le secret professionnel
- Si vous sentez, contre professionnel, assez au fait hors cas relevant du secret ou comme citoyen (sans relation spéciale avec le cas), on peut chercher à comprendre pour faciliter sans interpréter ni dénoncer.

Il faut comparaître même si on n'a rien à dire, au moins pour dire qu'on ne peut pas dire, on ne prête pas serment. (pas plus que l'expert)
- Cela se fait à titre de professionnel (attention de bien raccorder secret professionnel, détenteur de secret professionnel)
- A titre de citoyen, parfois de témoin assisté (où professionnel ou citoyen vous pouvez être impliqué : vous vous taires accompagner par votre avocat)
- Comparaître ce n'est pas: prêter serment + déroger + tout dire + interpréter + tout signer. Même si vous devez témoigner délimitez, s'en tenir à ce que demandé et aux faits

- Non obligation si à titre personnel et sur son temps libre. La comparution étant obligatoire, l'employeur doit autoriser, il faut donc l'avertir, si c'est sur son temps de travail (sans l'informer plus que de la convocation)
- Obligatoirement si à titre professionnel. Si le motif relève du secret professionnel (donc vous opposerez), c'est votre responsabilité individuelle qui est engagée mais il peut ne pas être inutile de vous concerter. Notez aussi que celui qui comparaît est celui le plus haut dans le secret professionnel pertinent (sauf si vous êtes appelé).

Perquisition

recherche d'éléments de preuves en un lieu donné, domicile ou local

1.
- Le droit à la vie privée (et respect de la famille ?) fait que l'on ne perquisitionne pas au domicile entre 21h00 et 06h00
- La finalité de la perquisition est souvent la réquisition de l'information (de son support).
- C'est le juge chargé de l'instruction qui donne une commission rogatoire (l'officier de police n'a pas de « mandat de perquisition » mais une « commission rogatoire du procureur ou juge spécialisé

2.
- Importance particulière dans les motifs de lever du secret professionnel du critère de prévention d'un crime ou de faits graves
- Le motif de levée du secret professionnel est spécifique et précis (énoncé par la Loi) d'exclure toute autre notion et/ou mention d'autres personnes

3. Pour nuancer, on peut
- remettre sans dénoncer (armes, drogues, etc.)
- Il peut s'agir de trouver un moyen efficace de déroger (cela a l'inconvénient d'avoir assez de compréhension du cas pour bien informer, en cas de péril consistant, ainsi d'informer le juge anonymement ou oralement.
- Il vaut mieux être volontaire en cela et avoir quelque trace, sinon vous risquez d'être accusé de non assistance à personne en danger.
- De ne pas faire intervenir votre qualité de professionnel là où cela n'a pas lieu d'être. Le secret professionnel n'est pas votre droit, mais votre devoir

Comparution

Appelé à comparaître on peut le faire dans différentes conditions mais de toute façon il le faut.

- Comparaître ce n'est pas allé dire, mais si vous opposez le secret professionnel, il faut quand même dire pourquoi (professionnel soumis ou par relation (familiale avérée), conditions non remplies : incompétence).
- Une dérogation prévue à savoir, vous avez le droit de pouvoir fondamental de vous défendre

- Si dépositaire de secret professionnel, c'est pour la faculté de votre exercice : vous n'êtes ni propriétaire ni professionnel ni bénéficiaire du secret professionnel

- Dans votre mission de respect du secret professionnel, il y aura un peu de marge pour différer le signalement : si la victime mineure ou handicapée vous le demande, si votre priorité absolue est supérieure ou risque de perdre le lien. Il faut cependant prendre des précautions, au mieux selon une stratégie acceptable pour la victime. Pensez en l'intérêt supérieur de la personne (victime potentielle puis sujet de votre relation dans son droit de respect du à sa personne).

Réquisition

requête obligée par le pouvoir judiciaire ou l'État, auprès d'une personne, propriétaire d'un bien ou d'une information, pour un usage temporaire ou définitif.

Par le judiciaire il peut s'agir de service de personnes pour apprécier ou d'éléments de preuve, dans le cadre d'une commission rogatoire (sauf pièce, circonstance ou cas exceptionnels (armes, délirant avec atteinte à l'ordre public, souvent flagrance))

1.	Cernez les actes concrets, il ne suffit pas d'avoir un morceau de motif de dérogation au secret (mineur, personne sans ses facultés) pour être libre d'oublier toute précaution, impliquer tous, dire ou supposer tout
2.	En établissement, avertissez votre hiérarchie administrative directrice, mais sachez que le secret professionnel est supérieur et individuel, dans l'ordre : 1. Le secret professionnel appartient à la personne (sujet du service), 2. Le premier responsable du secret professionnel (médecin ou autre) est rigoureusement responsable de l'accès et de l'ouverture de ses dossiers, 3. Le secret du dossier administratif (même notion, mais moins risquée que le secret médical), le responsable hiérarchique n'est pas plus libérataire : s'il faut collaborer sous couvert de commission rogatoire, on peut que séparer les notes (ou impressions) intermédiaires et rayer les mentions d'autres personnes
3.	Si votre part de secret professionnel dépend professionnel supérieur dans le secret (informer ou autres), c'est le titulaire principal qui doit être là (c'est lui qui accepte, en étant présent), il ne doit pas le faire à distance particulièrement s'il est expressément soumis au secret professionnel Attention le praticien de médecine; ne partage de son information que le strict nécessaire à la relation thérapeutique (soignant) ou (plus flou) dans la pertinence du service et autorisé aussi clairement accordé que possible dans la relation il y a une certaine automaticité pour quelques structures de soins dans l'intérêt du patient, au jugement strict du responsable principal du respect
4.	On requête pour saisir les pièces, objets, faits nécessaires, n'affectant pas les tiers. On ne saisi pas les notes (personnelles ou administratives), les réflexions ou les appréciations subjectives intermédiaires des services des professionnels, les informations sans effets

La réquisition de votre service d'expert devant une telle réquisition,

- On refuse si on a le moindre lien de relation professionnelle, de famille ou conjoint
- On refuse par incompétence, si l'on n'est pas expert du motif ou des raisons
- On refuse si on estime pouvoir être impliqué (on demande à être « témoin assisté de son avocat »)

Vous êtes expert du requérant (juge) et ne pouvez donc opposer au juge le secret professionnel de la personne, sur pesez en conscience, mais sans zèle de novice	L'expert doit respecter le secret professionnel du aux autres (d'exclure leur mention) mais aussi à la personne concernée il communique le juste nécessaire du cas et ne répond strictement qu'aux questions posées

N'oubliez pas que comme le 'moins inexpert' du paysage social à proximité raisonnable, peut après tout être vous : Vérité a besoin

---

PROCÉDÉ

1. La réquisition de pièces, objets ou éléments de preuves si ce n'est pas le juge lui-même, l'officier de police a-t-il la commission rogatoire (du juge) pour perquisitionner (et réquisitionner) ?

2. Le motif de dérogation au secret professionnel

Est' il suffisamment solide? Pouvez-vous circonscrire et comprendre ? - ce dont précisément a besoin (le juge, la Vérité) et effectivement cibler l'information pertinente? De comprendre aussi le risque pour la Société (Notez que le policier mettra sous scellés pour le juge ou le procès).

[3. Comprenez les difficultés du policier et sachez si vous pouvez informer sans déroger au secret professionnel, non par la nature des faits ou le contenu de l'information. Seules la personne ou la dérogation légale peuvent lever, mais vous pouvez peut-être éviter les gaspillages de temps ou de pistes, ainsi si vous avez la preuve de l'innocence de votre patient et s'il ne veut pas l'a pas interdit]

4. La bonne procédure pour la réquisition autorisable

Les bons moyens sont t'ils mis en œuvre et bien appliqués ?

- De par votre profession sensible (médecin, notaire, huissier) la réquisition doit se faire en présence d'un représentant de votre Ordre.
- Vous êtes soumis un professionnel soumis au Secret mais non accompagné par votre Ordre s'agissant du dossier de la personne: celle-ci ne peut vous relever du secret (c'est à elle de dire, non de vous le faire dire).
- Ou bien mettez vous sous couvert du secret professionnel le plus fort (a fortiori) si ce n'est pas votre dossier ou votre ordinateur)
- Le juge doit faire respecter le secret professionnel,
- Votre administration devrait avoir intérêt à respecter votre obligation de secret professionnel (il peut vous en coûter, si vous êtes taxoté)

L'Ordre est là pour vérifier que la bonne procédure est appliquée et séparer ce qui est séparable du dossier : garantir que la Justice a bien procédé	En administration on vient aussi pour ne remettre à la Justice que le dossier «net»et on peut séparer ses notes administratives intermédiaires
Ce qui est source de preuve sera saisi et mis sous scellés (de façon plus ou moins sûre). S'il difficile d'interpréter, le juge pourra requérir une interprétation d'expert	Attention à la hiérarchie des priorités, les droits fondamentaux des personnes > droit fondamental de la personne> dérogations (prévues) > bonnes procédures > responsabilité individuelle > hiérarchie administrative. Celui qui est en aval du secret professionnel est tenu de respecter la priorité «amont» du secret professionnel)

Réquisitions

Principes régisseurs : secret professionnel droit fondamental de la personne, devoir de respect du secret professionnel astreignant tout juge enquêteur de crimes, devoir de faire justice, obligation de procédure, devoir de porter assistance à personne(s) en danger.

Code Procédure Pénale (CPP)

Requérir et réquisitionner judiciairement Art. 77-1-1 (extrait) créé par Loi n°2003-239 du 18 mars 2003 - art. 18 ; modifié par Loi n°2010-1 du 4 janvier 2010 - art. 5 (V)	Le procureur de la République ou, sur autorisation de celui-ci, l'officier de police judiciaire, peut, par tout moyen, requérir de toute personne, de tout établissement ou organisme privé ou public ou de toute administration publique qui sont susceptibles de détenir des documents intéressant l'enquête, y compris ceux issus d'un système informatique ou d'un traitement de données nominatives, de lui remettre ces documents, notamment sous forme numérique, sans que puisse lui être opposée, sans motif légitime, l'obligation au secret professionnel. Lorsque les réquisitions concernent des personnes mentionnées aux articles 56-1 à 56-3, la remise des documents ne peut intervenir qu'avec leur accord. En cas d'absence de réponse de la personne aux réquisitions, les dispositions du second alinéa de l'article 60-1 sont également applicable. Le dernier alinéa de l'article 60-1 est également applicable…
SP et réquisition judiciaire de documents Art. 60-1 (extrait) Créé par Loi n°2003-239 du 18 mars 2003 - Art. 18 modifié par Loi n°2010-1 du 4 janvier 2010 - art. 5 (V)	Le procureur de la République ou l'officier de police judiciaire peut, par tout moyen, requérir de toute personne, de tout établissement ou organisme privé ou public ou de toute administration publique qui sont susceptibles de détenir des documents intéressant l'enquête, y compris ceux issus d'un système informatique ou d'un traitement de données nominatives, de lui remettre ces documents, notamment sous forme numérique, sans que puisse lui être opposée, sans motif légitime, l'obligation au secret professionnel. Lorsque les réquisitions concernent des personnes mentionnées aux articles 56-1 à 56-3, la remise des documents ne peut intervenir qu'avec leur accord. À l'exception des personnes mentionnées aux articles 56-1 à 56-3, le fait de s'abstenir de répondre dans les meilleurs délais à cette réquisition est puni d'une amende de 3 750 €.
Accord et réquisition judiciaire de documents Art. 99-3 (extrait), modifié par Loi n°2010-1 du 4 janvier 2010 - art. 5 (V)	Le juge d'instruction ou l'officier de police judiciaire par lui commis peut, par tout moyen, requérir de toute personne, de tout établissement ou organisme privé ou public ou de toute administration publique qui sont susceptibles de détenir des documents intéressant l'instruction, y compris ceux issus d'un système informatique ou d'un traitement de données nominatives, de lui remettre ces documents, notamment sous forme numérique, sans que puisse lui être opposée, sans motif légitime, l'obligation au secret professionnel. Lorsque les réquisitions concernent des personnes mentionnées aux articles 56-1 à 56-3, la remise des documents ne peut intervenir qu'avec leur accord. En l'absence de réponse de la personne aux réquisitions, les dispositions du deuxième alinéa de l'article 60-1 sont applicables.

Code de la Santé Publique

SP : professionnels et structures Art. L1110-4 (extrait) modifié par Loi n°2011-940 du 10 août 2011 - art. 2	Toute personne prise en charge par un professionnel, un établissement, un réseau de santé ou tout autre organisme participant à la prévention et aux soins a droit au respect de sa vie privée et du secret des informations la concernant. Excepté dans les cas de dérogation, expressément prévus par la loi, ce secret couvre l'ensemble des informations concernant la personne venues à la connaissance du professionnel de santé, de tout membre du personnel de ces établissements ou organismes et de toute autre personne en relation, de par ses activités, avec ces établissements ou organismes. Il s'impose à tout professionnel de santé, ainsi qu'à tous les professionnels intervenant dans le système de santé…
Etendue du SP Art. R4127-4 (Art. 4 du Code de Déontologie Médicale)	Le secret professionnel institué dans l'intérêt des patients s'impose à tout médecin dans les conditions établies par la loi. Le secret couvre tout ce qui est venu à la connaissance du médecin dans l'exercice de sa profession, c'est-à-dire non seulement ce qui lui a été confié, mais aussi ce qu'il a vu, entendu ou compris.
Fiche d'observation suivi, à part du SP Art. R4127-45 Art. 45 du Code de Déontologie Médicale) modifié par Décret n°2012-694 du 7 mai 2012 - art. 2	I. – Indépendamment du dossier médical prévu par la loi, le médecin tient pour chaque patient une fiche d'observation qui lui est personnelle : cette fiche est confidentielle et comporte les éléments actualisés, nécessaires aux décisions diagnostiques et thérapeutiques. Les notes personnelles du médecin ne sont ni transmissibles au patient et aux tiers. Dans tous les cas, ces documents sont conservés sous la responsabilité du médecin. II. – A la demande du patient ou avec son consentement, le médecin transmet aux médecins qui participent à la prise en charge ou à ceux qu'il entend consulter les informations et documents utiles à la continuité des soins. Il en va de même lorsque le patient porte son choix sur un autre médecin traitant.

Code Pénal

violation du SP Art. 226-13	La révélation d'une information à caractère secret par une personne qui en est dépositaire soit par état ou par profession, soit en raison d'une fonction ou d'une mission temporaire, est punie d'un an d'emprisonnement et de 15000 euros d'amende.

Saisies

Principes régisseurs : secret professionnel droit fondamental de la personne, devoir astreignant tout juge enquêteur de crimes, devoir de faire justice, obligation de procédure, devoir de porter assistance à personne(s) en danger.

Code de Procédure Pénale

Saisie de documents, inventaires, mise sous scellés et SP Art. 56 modifié par Loi n°2011-1862 du 13 décembre 2011 - art. 58	Si la nature du crime est telle que la preuve puisse en être acquise par la saisie des papiers, documents, informations ou autres objets en la possession des personnes qui paraissent avoir participé au crime ou détenir des pièces, informations ou objets relatifs aux faits incriminés, l'officier de police judiciaire se transporte sans désemparer au domicile de ces derniers pour y procéder à une perquisition dont il dresse procès-verbal. L'officier de police judiciaire peut également se transporter en tous lieux dans lesquels sont susceptibles de se trouver des biens dont la confiscation est prévue à l'article 131-21 du code pénal, pour y procéder à une perquisition aux fins de saisie de ces biens ; si la perquisition est effectuée aux seules fins de rechercher et de saisir des biens dont la confiscation est prévue par les cinquième et sixième alinéas de ce même article, elle doit être préalablement autorisée par le procureur de la République. Il a seul, avec les personnes désignées à l'article 57 du présent code et celles auxquelles il a éventuellement recours en application de l'article 60, le droit de prendre connaissance des papiers, documents ou données informatiques avant de procéder à leur saisie. Toutefois, il a l'obligation de provoquer préalablement toutes mesures utiles pour que soit assuré le respect du secret professionnel et des droits de la défense. Tous objets et documents saisis sont immédiatement inventoriés et placés sous scellés. Cependant, si leur inventaire sur place présente des difficultés, ils font l'objet de scellés fermés provisoires jusqu'au moment de leur inventaire et de leur mise sous scellés définitifs et ce, en présence des personnes qui ont assisté à la perquisition suivant les modalités prévues à l'article 57. Il est procédé à la saisie des données informatiques nécessaires à la manifestation de la vérité en plaçant sous main de justice soit le support physique de ces données, soit une copie réalisée en présence des personnes qui assistent à la perquisition. Si une copie est réalisée, il peut être procédé, sur instruction du procureur de la République, à l'effacement définitif, sur le support physique qui n'a pas été placé sous main de justice, des données informatiques dont la détention ou l'usage est illégal ou dangereux pour la sécurité des personnes ou des biens. Avec l'accord du procureur de la République, l'officier de police judiciaire ne maintient que la saisie des objets, documents et données informatiques utiles à la manifestation de la vérité, ainsi que des biens dont la confiscation est prévue à l'article 131-21 du code pénal. Si elles sont susceptibles de fournir des renseignements sur les objets, documents et données informatiques saisis, les personnes présentes lors de la perquisition peuvent être retenues sur place par l'officier de police judiciaire le temps strictement nécessaire à l'accomplissement de ces opérations.
Perquisitions aux cabinets médecin, ... Art. 56-3 modifié par Loi n°2011-94 du 25 janvier 2011 - art. 32	Les perquisitions dans le cabinet d'un médecin, d'un notaire ou d'un huissier sont effectuées par un magistrat et en présence de la personne responsable de l'ordre ou de l'organisation professionnelle à laquelle appartient l'intéressé ou de son représentant.
Perquisitions SP et incriminé Art. 57 modifié par Loi n°2009-928 du 29 juillet 2009 - art. 11	Sous réserve de ce qui est dit à l'article 56 concernant le respect du secret professionnel et des droits de la défense, les opérations prescrites par le dit article sont faites en présence de la personne au domicile de laquelle la perquisition a lieu. En cas d'impossibilité, l'officier de police judiciaire aura l'obligation de l'inviter à désigner un représentant de son choix ; à défaut, l'officier de police judiciaire choisira deux témoins requis à cet effet par lui, en dehors des personnes relevant de son autorité administrative. Le procès-verbal de ces opérations, dressé ainsi qu'il est dit à l'article 66, est signé par les personnes visées au présent article ; au cas de refus, il en est fait mention au procès-verbal.
Perquisitions SP et juges Art. 92	Le juge d'instruction peut se transporter sur les lieux pour y effectuer toutes constatations utiles ou procéder à des perquisitions. Il en donne avis au procureur de la République qui a la faculté de l'accompagner.
Perquisitions SP hors domicile Art. 94	Si la perquisition a lieu dans un domicile autre que celui de la personne mise en examen, la personne chez laquelle elle doit s'effectuer est invitée à y assister. Si cette personne est absente ou refuse d'y assister, la perquisition a lieu en présence de deux de ses parents ou alliés présents sur les lieux, ou à défaut, en présence de deux témoins. Le juge d'instruction doit se conformer aux dispositions des articles 57 (alinéa 2) et 59. Toutefois, il a l'obligation de provoquer préalablement toutes mesures utiles pour que soit assuré le respect du secret professionnel et des droits de la défense. Les dispositions des articles 56 et 56-1 à 56-4 sont applicables aux perquisitions effectuées par le juge d'instruction.
Procédure Saisie Art. 97	Lorsqu'il y a lieu, en cours d'information, de rechercher des documents ou des données informatiques et sous réserve des nécessités de l'information et du respect, le cas échéant, de l'obligation stipulée par l'alinéa 3 de l'article précédent, le juge d'instruction ou l'officier de police judiciaire par lui commis a seul le droit d'en prendre connaissance avant de procéder à la saisie. Tous les objets, documents ou données informatiques placés sous main de justice sont immédiatement inventoriés et placés sous scellés. Cependant, si leur inventaire sur place présente des difficultés, l'officier de police judiciaire procède comme il est dit au quatrième alinéa de l'article 56. Il est procédé à la saisie des données informatiques nécessaires à la manifestation de la vérité en plaçant sous main de justice soit le support physique de ces données, soit une copie réalisée en présence des personnes qui assistent à la perquisition. Si une copie est réalisée dans le cadre de cette procédure, il peut être procédé, sur ordre du juge d'instruction, à l'effacement définitif, sur le support physique qui n'a pas été placé sous main de justice, des données informatiques dont la détention ou l'usage est illégal ou dangereux pour la sécurité des personnes ou des biens. Avec l'accord du juge d'instruction, l'officier de police judiciaire ne maintient que la saisie des objets, documents et données informatiques utiles à la manifestation de la vérité. Lorsque ces scellés sont fermés, ils ne peuvent être ouverts et les documents dépouillés qu'en présence de la personne assistée de son avocat, ou eux dûment appelés. Le tiers chez lequel la saisie a été faite est également invité à assister à cette opération. Si les nécessités de l'instruction ne s'y opposent pas, copie ou photocopie des documents ou des données informatiques placés sous main de justice peuvent être délivrées à leurs frais, dans le plus bref délai, aux intéressés qui en font la demande.

24

Organiser l'Accès du Patient à son Dossier

1. Communication avec un **délai de 48 heures dans les 8 jours** suivant la réception de la demande. 2 mois lorsque les informations datent de plus de 5 ans ou en cas de saisine de la commission départementale des hospitalisations psychiatriques.

2. Consultation du dossier de la **personne par elle-même, seule ou avec ou par un professionnel**. L'enfant selon sa maturité à un droit d'accès (et d'interdire l'accès) peut choisir un intermédiaire adulte, il peut avoir son avocat.

3. **Le professionnel peut retirer les notes intermédiaires et personnelles** qui ne sont pas du dossier. Il faut donc le faciliter (réalisation du dossier, fiche de rédaction des notes, feuilles ou/et rangement adapté, marquage des documents à consulter. Il peut être préférable d'avoir un procédé de consultation et de facilités de copie). La structure en charge doit pouvoir garder les originaux ou copie au moins du dossier remis.

4. En cas de prise de rendez-vous (et de consultation formelle), avoir un enregistrement et informer le niveau hiérarchique supérieur ; selon le degré de « propriété » du dossier ; un dossier très personnel dirigé par un seul professionnel implique peu de personnes (mais peuvent intéresser la Justice) Le respect du secret professionnel est un devoir personnel. Le professionnel qui y est soumis est responsable de son dossier et maître de sa consultation y de sa dérogation. Ceux qui y accèdent légalement à de tels dossiers, le font de façon très précise et doivent aussi respecter le secret

5. Les dossiers d'administration générale (dont ceux à effets de versement de prestations sociales) ou de structures sanitaires ont des implications plus structurelles et peuvent être contrôlables.

6. On doit retirer toute mention concernant des tierces personnes ; circonscrire au plus utile

---

Réseau et Précautions Electroniques avec les Courriers

Principaux dangers et problèmes sur Internet

- Pirates informatiques et anti-programmes (virus, chevaux de Troie, vers inform),
- Matériel offensant et contenu blessant,
- Délits traditionnels (fraude, menaces, harcèlement, etc.),
- Courriels non sollicités et protection de la vie privée (pollupostage ou pourriels, logiciels espions, etc.)
- Le leurre d'enfants par Internet

Précautions élémentaires que vous devez suivre afin de naviguer de façon plus sûre

- mise à jour régulière de votre système informatique (logiciels, etc.)
- un bon logiciel antivirus et mise à jour régulière,
- un bon logiciel coupe-feu et mise à jour régulière,
- des mots de passe sûrs (minuscules, majuscules, chiffres et signes, plus de 6)
- utilisez régulièrement un système de sauvegarde de vos données,
- n'exécutez jamais de programmes exécutables suspects
- méfiez-vous des courriels suspects envoyés par vos correspondants, dans cette suspicion supprimez-les sans les ouvrir : n'ouvrez pas non plus des courriels qui viennent de personnes que vous ne connaissez pas et n'ouvrez jamais leurs fichiers joints

---

Précautions en Gestion Electronique des Informations Administratives et Confidentielles

- La loi «informatique et libertés» a pour principal objectif de protéger les informations concernant une personne qui sont enregistrées dans des fichiers, par les collectivités locales ou toute autre entité publique ; dans la mesure où leur divulgation ou mauvaise utilisation peut porter atteinte aux libertés ou à la vie privée.

- Une donnée à caractère personnel est une information relative à une personne identifiée, ou qui permet d'identifier une personne, directement ou indirectement.

- Un traitement de données à caractère personnel est une notion très large : toute opération portant sur ces données, quel que soit le procédé technique utilisé, notamment la collecte, l'enregistrement, la conservation, la modification, l'extraction, la consultation, la communication, le transfert, l'interconnexion mais aussi le verrouillage, l'effacement ou la destruction

- Le responsable de traitement est la personne ou l'organisme qui décide la création du traitement, en détermine l'objet et définit les moyens mis en œuvre à cet effet.

- Les collectivités sont ainsi responsables des traitements informatiques que ceux-ci contiennent par leurs services et de la sécurité des données personnelles que ceux-ci contiennent A ce titre, ils peuvent voir leur responsabilité, notamment pénale, engagée en cas de non-respect des dispositions de la loi

- Ecrits ou électronique la notion de support durable, est inscrite dans la Loi depuis 2005 « L'écrit sur support électronique a la même force probante que l'écrit sur support papier » article 1316-3 du Code civil

- Même hors informatique observez bien les règles de discrétions, les risques peuvent venir des intentions précises d'un entourage, qui peut faire un contrôusage précis

- Les moyens informatiques aident aussi les mauvaises intentions.

- Ne pas laisser traîner les identifications (les vôtres et celles des autres), les mots de passes, les informations sensibles, soyez vous-mêmes « sans risques ».

- Observez les règles de gestion sûre des moyens électroniques (voir ci contre)

- Respecter les principes de sécurité des moyens mises à votre disposition, tels que par votre administration (s'ils existent, si vous ne les avez pas raisonnablement respectés votre responsabilité individuelle est engageable).

- N'omettez pas de rappeler les défauts à ces égards : votre administration doit vous fournir des moyens raisonnables. S'ils ne sont pas là vous serez quand même responsables de ne pas le rappeler ou/et de ne pas prendre de précautions raisonnables (dossiers sous clefs, placards suffisamment résistants à l'effraction).

- Dans votre courrier officiel y compris électroniques le principe de réserve est une bonne conduite, utile pour votre gouverne.

- Evitez les réponses, les non réponses et expressions qui inciteraient au doute, donnant à croire que la personne indiquée, pour ce type de décision et/ou donner l'apparence d'une approbation.

- Si d'autres ont accès à vos moyens, la consultation et la communication doivent être maîtrisés pour prévenir les risques de fuites d'informations.

- Les mécanismes qui se développent
- Conservation sécurisée au sein d'un système d'archivage électronique (SAE)
- Signature électronique
- Procédures sécurisées (« procédé fiable »)
- Réseaux sécurisés (du www : https : courriels, intra-extranets

Accès aux Informations Personnelles de Santé

Principes régisseurs : secret professionnel droit fondamental de la personne (respect de la vie privée), les autres secrets professionnels des autres personnes ne doivent pas être affectés, droit d'accès à ses informations, consentement éclairé, éclairement suffisant, droit du professionnel de ne pas remettre ses mêmes, raisonnements et doutes intermédiaires.

Code de la Santé Publique

Santé et information due à la personne
Art. L1111-2 (extrait) modifié par Loi n2009-879 du 21 juillet 2009 - art. 37

Toute personne a le droit d'être informée sur son état de santé. Cette information porte sur les différentes investigations, traitements ou actions de prévention qui sont proposés, leur utilité, leur urgence éventuelle, leurs conséquences, les risques fréquents ou graves normalement prévisibles qu'ils comportent ainsi que sur les autres solutions possibles et sur les conséquences prévisibles en cas de refus. Lorsque, postérieurement à l'exécution des investigations, traitements ou actions de prévention, des risques nouveaux sont identifiés, la personne concernée doit en être informée, sauf en cas d'impossibilité de la retrouver.

Cette information incombe à tout professionnel de santé dans le cadre de ses compétences et dans le respect des règles professionnelles qui lui sont applicables. Seules l'urgence ou l'impossibilité d'informer peuvent l'en dispenser.

Cette information est délivrée au cours d'un entretien individuel.

La volonté d'une personne d'être tenue dans l'ignorance d'un diagnostic ou d'un pronostic doit être respectée, sauf lorsque des tiers sont exposés à un risque de transmission.

Les droits des mineurs ou des majeurs sous tutelle mentionnés au présent article sont exercés, selon les cas, par les titulaires de l'autorité parentale ou par le tuteur. Ceux-ci reçoivent l'information prévue par le présent article, sous réserve des dispositions de l'article L. 1111-5. Les intéressés ont le droit de recevoir eux-mêmes une information et de participer à la prise de décision les concernant, d'une manière adaptée soit à leur degré de maturité s'agissant des mineurs, soit à leurs facultés de discernement s'agissant des majeurs sous tutelle.

Des recommandations de bonnes pratiques sur la délivrance de l'information sont établies par la Haute Autorité de santé et homologuées par arrêté du ministre chargé de la santé.

Droit d'accès de la personne à l'information sanitaire la concernant
Art. L1111-7 modifié par Loi n2011-803 du 5 juillet 2011 - art. 9

Toute personne a accès à l'ensemble des informations concernant sa santé détenues, à quelque titre que ce soit, par des professionnels et établissements de santé, qui sont formalisées ou ont fait l'objet d'échanges écrits entre professionnels de santé, notamment des résultats d'examen, comptes rendus de consultation, d'intervention, d'exploration ou d'hospitalisation, des protocoles et prescriptions thérapeutiques mis en œuvre, feuilles de surveillance, correspondances entre professionnels de santé, à l'exception des informations mentionnant qu'elles ont été recueillies auprès de tiers n'intervenant pas dans la prise en charge thérapeutique ou concernant un tel tiers.

Elle peut accéder à ces informations directement ou par l'intermédiaire d'un médecin qu'elle désigne et en obtenir communication, dans des conditions définies par voie réglementaire au plus tard dans les huit jours suivant sa demande et au plus tôt après qu'un délai de réflexion de quarante-huit heures aura été observé. Ce délai est porté à deux mois lorsque les informations médicales datent de plus de cinq ans ou lorsque la commission départementale des soins psychiatriques est saisie en application du quatrième alinéa.

La présence d'une tierce personne lors de la consultation de certaines informations peut être recommandée par le médecin les ayant établies ou en étant dépositaire, pour des motifs tenant aux risques que leur connaissance sans accompagnement ferait courir à la personne concernée. Le refus de cette dernière ne fait pas obstacle à la communication de ces informations.

A titre exceptionnel, la consultation des informations recueillies, dans le cadre d'une admission en soins psychiatriques décidée en application des chapitres II à IV du titre Ier du livre II de la troisième partie du présent code ou ordonnée en application de l'article 706-135 du code de procédure pénale, peut être subordonnée à la présence d'un médecin désigné par le demandeur en cas de risques d'une gravité particulière. En cas de refus du demandeur, la commission départementale des soins psychiatriques est saisie. Son avis s'impose au détenteur des informations comme au demandeur.

Sous réserve de l'opposition prévue à l'article L. 1111-5, dans le cas d'une personne mineure, le droit d'accès est exercé par le ou les titulaires de l'autorité parentale. À la demande du mineur, cet accès a lieu par l'intermédiaire d'un médecin.

En cas de décès du malade, l'accès des ayants droit à son dossier médical s'effectue dans les conditions prévues par le dernier alinéa de l'article L. 1110-4.

La consultation sur place des informations est gratuite. Lorsque le demandeur souhaite la délivrance de copies, quel qu'en soit le support, les frais laissés à sa charge ne peuvent excéder le coût de la reproduction et, le cas échéant, de l'envoi des documents.

Droit d'accès et information en établissements
Art. R1111-1 modifié par Décret n°2006-6 du 4 janvier 2006 - art. 1 JORF 5 janvier 2006

L'accès aux informations relatives à la santé d'une personne, mentionnées à l'article L. 1111-7 et détenues par un professionnel de santé, un établissement de santé ou un hébergeur agréé en application de l'article L. 1111-8, est demandé par la personne concernée, son ayant droit en cas de décès de cette personne, la personne ayant l'autorité parentale, le tuteur ou, le cas échéant, par le médecin qu'une de ces personnes a désigné comme intermédiaire.

La demande est adressée au professionnel de santé ou à l'hébergeur et, dans le cas d'un établissement de santé, au responsable de cet établissement ou à la personne qu'il a désignée à cet effet et dont le nom est porté à la connaissance du public par tous moyens appropriés.

Avant toute communication, le destinataire de la demande s'assure de l'identité du demandeur et s'informe, le cas échéant, de la qualité de médecin de la personne désignée comme intermédiaire.

Selon les cas prévus par l'article L. 1111-7, le délai de huit jours ou de deux mois court à compter de la date de réception de la demande ; lorsque le délai de deux mois s'explique en raison du fait que les informations remontent à plus de cinq ans, cette période de cinq ans court à compter de la date à laquelle l'information médicale a été constituée.

Modalités de consultations et communication d'information
Art. R1111-2 modifié par Décret n°2006-6 du 4 janvier 2006 - art. 1 et art. 2 (V) JORF 5 janvier 2006

A son choix, le demandeur obtient du professionnel de santé, de l'établissement de santé ou de l'hébergeur communication des informations demandées, soit par consultation sur place, avec, le cas échéant, remise de copies de documents, soit par l'envoi de copies des documents. Les frais de délivrance de ces copies sont laissés à la charge du demandeur dans les conditions fixées par l'article L. 1111-7.

Dans le cas où les informations demandées sont détenues par un établissement de santé et si les dispositifs techniques de l'établissement le permettent, le demandeur peut également consulter par voie électronique tout ou partie des informations en cause.

Dans le cas d'une demande de consultation sur place adressée à un établissement de santé, le demandeur est informé du dispositif d'accompagnement médical organisé par l'établissement dans les conditions fixées à l'article R 1112-1.

Les copies sont établies sur un support analogue à celui utilisé par le professionnel de santé ou l'établissement de santé, ou sur papier, au choix du demandeur et dans la limite des possibilités techniques du professionnel ou de l'organisme concerné.

Accompagnement de la communication Art. R1111-3 modifié par Décret n°2006-6 du 4 janvier 2006 - art. 1 JORF 5 janvier 2006	Lorsque la demande est imprécise ou qu'elle n'exprime pas de choix quant aux modalités de communication des informations, le professionnel de santé, l'établissement ou l'hébergeur informe le demandeur des différentes modalités de communication ouvertes par la présente section et la indique celles qui seront utilisées à défaut de choix de sa part. Si, au terme du délai de huit jours ou outil de deux mois prévu à l'article L. 1111-7, le demandeur n'a toujours pas précisé sa volonté, le professionnel de santé, l'établissement ou, le cas échéant, l'hébergeur mettent à sa disposition les informations sous la forme qu'ils lui avaient précédemment indiquée.
Accompagnement de la communication Art. R1111-4 modifié par Décret n°2006-6 du 4 janvier 2006 - art. 1 JORF 5 janvier 2006	Lorsque la présence d'une tierce personne lors de la consultation de certaines informations est recommandée par le médecin les ayant établies ou en étant dépositaire, celles-ci sont communiquées dès que le demandeur a exprimé son acceptation ou son refus de suivre la recommandation. En cas d'absence de réponse du demandeur au terme d'un des délais prévus à l'article L. 1111-7, les informations lui sont communiquées.
Information médicale et mineur Art. R1111-6 modifié par Décret n°2006-6 du 4 janvier 2006 - art. 1 JORF 5 janvier 2006	La personne mineure qui souhaite garder le secret sur un traitement ou une intervention dont elle fait l'objet dans les conditions prévues à l'article L. 1111-5 peut s'opposer à ce que le médecin qui a pratiqué ce traitement ou cette intervention communique au titulaire de l'autorité parentale les informations qui ont été constituées à ce sujet. Le médecin fait mention écrite de cette opposition. Tout médecin saisi d'une demande présentée par le titulaire de l'autorité parentale pour l'accès aux informations mentionnées à l'alinéa ci-dessus doit s'efforcer d'obtenir le consentement de la personne mineure à la communication de ces informations au titulaire de l'autorité parentale. Si en dépit de ces efforts le mineur maintient son opposition, la demande précitée ne peut être satisfaite tant que l'opposition est maintenue. Lorsqu'en application de l'article L. 1111-7 la personne mineure demande que l'accès du titulaire de l'autorité parentale aux informations concernant son état de santé ait lieu par l'intermédiaire d'un médecin, ces informations sont, au choix du titulaire de l'autorité parentale, adressées au médecin qu'il a désigné ou consultées sur place en présence de ce médecin.
Information médicale et accès Art. R1111-7 modifié par Décret n°2006-6 du 4 janvier 2006 - art. 1 JORF 5 janvier 2006	Toute personne a accès à l'ensemble des informations concernant sa santé détenues, à quelque titre que ce soit, par des professionnels et établissements de santé, qui sont formalisées ou ont fait l'objet d'échanges écrits entre professionnels de santé, notamment des résultats d'examen, comptes rendus de consultation, d'intervention, d'exploration ou d'hospitalisation, des protocoles et prescriptions thérapeutiques mis en œuvre, feuilles de surveillance, correspondances entre professionnels de santé, à l'exception des informations mentionnant qu'elles ont été recueillies auprès de tiers n'intervenant pas dans la prise en charge thérapeutique ou concernant un tel tiers. Elle peut accéder à ces informations directement ou par l'intermédiaire d'un médecin qu'elle désigne et en obtenir communication, dans des conditions définies par voie réglementaire au plus tard dans les huit jours suivant sa demande et au plus tôt après qu'un délai de réflexion de quarante- huit heures aura été observé. Ce délai est porté à deux mois lorsque les informations médicales datent de plus de cinq ans ou lorsque la commission départementale des hospitalisations psychiatriques est saisie en application du quatrième alinéa. La présence d'une tierce personne lors de la consultation de certaines informations peut être recommandée par le médecin les ayant établies ou en étant dépositaire, pour des motifs tenant aux risques que leur connaissance sans accompagnement ferait courir à la personne concernée. Le refus de cette dernière ne fait pas obstacle à la communication de ces informations. À titre exceptionnel, la consultation des informations recueillies, dans le cadre d'une hospitalisation sur demande d'un tiers ou d'une hospitalisation d'office, peut être subordonnée à la présence d'un médecin désigné par le demandeur en cas de risques d'une gravité particulière. En cas de refus du demandeur, la commission départementale des hospitalisations psychiatriques est saisie. Son avis s'impose au détenteur des informations comme au demandeur. Sous réserve de l'opposition prévue à l'article L. 1111-5, dans le cas d'une personne mineure, le droit d'accès est exercé par le ou les titulaires de l'autorité parentale. À la demande du mineur, cet accès a lieu par l'intermédiaire d'un médecin. En cas de décès du malade, l'accès des ayants droit à son dossier médical s'effectue dans les conditions prévues par le dernier alinéa de l'article L. 1110-4. La consultation sur place des informations est gratuite. Lorsque le demandeur souhaite la délivrance de copies, quel qu'en soit le support, les frais laissés à sa charge ne peuvent excéder le coût de la reproduction et, le cas échéant, de l'envoi des documents.
Information hébergeur (informatique) et médecin Art. R1111-15 modifié par Décret n°2006-6 du 4 janvier 2006 - art. 1 JORF 5 janvier 2006	Pour l'application des dispositions mentionnées aux troisième à sixième alinéas de l'article L. 1111-7, les informations de santé qui ont été déposées auprès d'un hébergeur par un professionnel ou un établissement de santé ne peuvent être communiquées par cet hébergeur qu'à la personne qu'elles concernent qu'avec l'accord du professionnel de santé ou de l'établissement qui en a le dépôt.
Etablissement et communication d'information médicale aux personnes concernées Art. R1112-1 modifié par Ordonnance n°2010-177 du 23 février 2010 - art. 19	Les établissements de santé, publics ou privés, sont tenus de communiquer aux personnes recevant ou ayant reçu des soins, sur leur demande, les informations médicales définies à l'article L. 1111-7. Les praticiens qui ont prêté l'hospitalisation ont accès, sur leur demande, à ces informations. Cette communication est effectuée, au choix de la personne concernée, directement ou par l'intermédiaire d'un médecin qu'elle désigne. Les établissements assurent l'accès aux informations les concernant aux personnes qu'il le souhaitent lorsqu'elles demandent l'accès à la consultation de ces informations. Le refus de cet accompagnement ne fait pas obstacle à la consultation de ces informations. Dans le respect des règles déontologiques qui leur sont applicables, les praticiens des établissements assurent l'information des personnes soignées. Les personnels paramédicaux participent à cette information dans leur domaine de compétence et dans le respect de leurs propres règles professionnelles. Les établissements sont tenus de protéger la confidentialité des informations qu'ils détiennent sur les personnes qu'ils accueillent. Les médecins membres de l'inspection générale des affaires sociales, les médecins inspecteurs de santé publique, les inspecteurs de l'agence régionale de santé ayant la qualité de médecin et les médecins conseils des organismes d'assurance maladie ont accès, dans le respect des règles de déontologie médicale, à ces informations lorsqu'elles sont nécessaires à l'exercice de leurs missions. Les modalités d'application du présent article, notamment en ce qui concerne la procédure d'accès aux informations médicales définies à l'article L. 1111-7, sont fixées par voie réglementaire, après avis du Conseil national de l'ordre des médecins.

Conservation des informations des patients en établissement Article R1112-7 modifié par Décret n°2006-6 du 4 janvier 2006 - art. 2 (V) JORF 5 janvier 2006	[...] Les informations concernant la santé des patients sont soit conservées au sein des établissements de santé qui les ont constituées, soit déposées par ces établissements auprès d'un hébergeur agréé en application des dispositions à l'article L. 1111-8. [...] Le dossier médical mentionné à l'article R. 1112-2 est conservé pendant une durée de vingt ans à compter de la date du dernier séjour de son titulaire dans l'établissement ou de la dernière consultation externe en son sein. Lorsqu'en application des dispositions qui précèdent, la durée de conservation d'un dossier s'achève avant le vingt-huitième anniversaire de son titulaire, la conservation du dossier est prorogée jusqu'à cette date. Dans tous les cas, si la personne titulaire du dossier décède moins de dix ans après son dernier passage dans l'établissement, le dossier est conservé pendant une durée de dix ans à compter de la date du décès. Ces délais sont suspendus par l'introduction de tout recours gracieux ou contentieux tendant à mettre en cause la responsabilité médicale de l'établissement de santé ou des professionnels de santé à raison de leurs interventions au sein de l'établissement.
Communication d'information médicale à médecin mandaté Art. R4127-46	Lorsqu'un patient demande à avoir accès à son dossier médical par l'intermédiaire d'un médecin, celui-ci remplit cette mission en tenant compte des seuls intérêts du patient et se récuse en cas de conflit d'intérêts.
Fiches médicales d'accompagnement (jamais communicable) Art. R4127-45	I. — Indépendamment du dossier médical prévu par la loi, le médecin tient pour chaque patient une fiche d'observation qui lui est personnelle ; cette fiche est confidentielle et comporte les éléments actualisés, nécessaires aux décisions diagnostiques et thérapeutiques. Les notes personnelles du médecin ne sont ni transmissibles ni accessibles au patient et aux tiers. Dans tous les cas, ces documents sont conservés sous la responsabilité du médecin. II. — À la demande du patient ou avec son consentement, le médecin transmet aux médecins qui participent à la prise en charge ou à ceux qu'il entend consulter les informations et documents utiles à la continuité des soins.
Médecin professionnels associés et SP Article R4127-72	Le médecin doit veiller à ce que les personnes qui l'assistent dans son exercice soient instruites de leurs obligations en matière de secret professionnel et s'y conforment. Il doit veiller à ce qu'aucune atteinte ne soit portée par son entourage au secret qui s'attache à sa correspondance professionnelle.
Médecin et précautions de protection des documents Article R4127-73	Le médecin doit protéger contre toute indiscrétion les documents médicaux concernant les personnes qu'il a soignées ou examinées, quels que soient le contenu et le support de ces documents. Il en va de même des informations médicales dont il peut être le détenteur. [...]

Code de l'Action Sociale et des Familles

Droits d'information des personnes prises en charge par des établissements et services sociaux et médico-sociaux Article L311-3 modifié par LOI n°2011-525 du 17 mai 2011 - art. 141	L'exercice des droits et libertés individuels est garanti à toute personne prise en charge par des établissements et services sociaux et médico-sociaux. Dans le respect des dispositions législatives et réglementaires en vigueur, lui sont assurés : [...] 4° La confidentialité des informations la concernant ; 5° L'accès à toute information ou document relatif à sa prise en charge, sauf dispositions législatives contraires ; 6° Une information sur ses droits fondamentaux et les protections particulières légales et contractuelles dont elle bénéficie, ainsi que sur les voies de recours à sa disposition ; 7° La participation directe ou avec l'aide de son représentant légal à la conception et à la mise en œuvre du projet d'accueil et d'accompagnement qui la concerne.

Circulaires

- 1994 CIRCULAIRE AD 94-10 du 7 octobre 1994 relative au tri et à la conservation des archives des établissements publics de santé : documents produits après 1968 et concernant le patrimoine foncier, immobilier et mobilier des « établissements »
- 2006 CIRCULAIRE N°DHOS/E1/DGS/SD1B/SD1C/DGAA/2006/90 du 2 mars 2006 relative aux droits des personnes hospitalisées et comportant une charte de la personne hospitalisée
- 2007 INSTRUCTION INTERMINISTERIELLE N°DHOS/E1/DAF/DPACI/2007/322 et N°DAF/DPACI/RES/2007/014 du 14 août 2007 relative à la conservation du dossier médical
- 2009 CIRCULAIRE N°DHOS/E1/2009/207 du 3 juillet 2009 relative aux délais de communication des informations de santé concernant une personne
- CIRCULAIRE N°DHOS/E1/2009/271 du 21 août 2009 relative à la communicabilité des informations de santé concernant une personne décédée ayant été hospitalisée dans un établissement public de santé ou un établissement de santé privé chargé d'une maison de service public

SECRET PROFESSIONNEL et ENFANCE

DEROGATIONS LEGALES		JURISPRUDENCE
Déclarations obligatoires	Permissions de la loi	
- naissance (CC. Art. 56)		- rente viagère
- décès (CGCT art. L.2223-42)	- mauvais traitements infligés à un mineur de 15 ans ou à une personne incapable de se protéger (CP art.226-14 : 2)	- testament
- maladies contagieuses (CSP art. L.3113-1)	Protection des mineurs en danger ou risquant de l'être (CP.art.226-14 :2)	- assurance-vie
pension militaire d'invalidité (CPCMR art.L.31)	- sévices permettant de présumer de violences sexuelles	- réquisition
- maladies vénériennes	- évaluation et plan personnalisé de compensation du handicap (CASF art.L.241-10°	- expertise
- indemnisation de personnes contaminées par le VIH par transfusion	- recherches dans le domaine de la santé (chap IX loi n°78-17 du 6 janvier 1978 modifiée)	
- internement : (CSP art.L.3212-1 ; CSP art. L.3113-1 ; CC art.434 et CSP art.3211-6)	- évaluation d'activité dans les établissements de santé (CSP art.L.6113-7)	
- dopage (C du Sport : art.L.232-3)	- évaluation ou analyse des activités de soins et de prévention (Loi n°2004-801 du 6 août 2004 complétant chap IX loi n° 78-17 du 6 janvier 1978 modifiée)	
hospitalisation sur demande d'un tiers hospitalisations d'office	- accès aux informations de santé nominatives (LGAS, ARS, médecins conseil, HAS, médecin de radioprotection) (CSP art.L.1112-1 ; CSS art. L.315-1V ; CSP art. L.1414-4 ; CSP art.L.1333-19)	
- risques pour la santé humaine (CSP art.L.1413-485 ; CSP R.1413-21822823)		
- alcooliques présumés dangereux	- dangerosité d'un patient détenteur d'une arme à feu (CP.art.226-14 :3)	
- incapables majeurs		
- accidents du travail et maladies professionnelles (CSS art.L.441-6 & L.461-5)		

30

Comprendre les motifs de dérogation au secret professionnel

1. Motifs de dérogation propres à la personne

- Identité vitale de la personne : son existence (naissance, décès, handicap)
- Incapacité : enfance, incapacité (physique et psychique), développement (sexualité protégée de l'adolescent mineur).
- droits fondamentaux d'autres personnes (risque grave pour leur vie ou leur condition) remis en cause par le sujet.
- La dérogation au secret doit être explicite dans les textes, quête interprétable, laissant peu de place au doute (s'abstenir si doute). Idée supérieure de la Justice : individu, morale, Famille

2. Motifs sociaux (prévention des risques sociaux graves)

- Violence alcoolique, contagiosité grave, risque social grave.
- Ordre public : Obligation supérieure de l'État : devoir de protection du public, non abus grave de relation à biens (services à incapables)
- Quand la personne ne peut plus s'opposer et que sa famille pourrait être affectée (la personne est décédée)

3. La personne elle-même délivre ou affirme (de le prévoir)

- Seule bonne solution, cependant elle ne peut mandater pas le médecin ou le professionnel, pour parler à sa place sur son secret si elle peut (de même nul ne peut délivrer son soignant du secret professionnel).
- En institutions (médico-sociale) il y a quelque consensus de communication d'information nécessaire cela ne délivre pas : attention à ne pas oublier aussi souvent que nécessaire d'informer et de formaliser un consentement éclairé de la personne : ne pas mettre en place de procédures de partage, pas de délivrer, se ressourcer aux principes.
- Travail dynamique, connivence d'éviter de tels projets (cas psychiatriques, risque suicidaire, refus du mineur)
- Légalement le partage d'informations en structures de soins est plus facile qu'ailleurs, l'accord du sujet est implicite, mais il ne faut pas restreindre son droit de refuser le partage (consulter, interroger et écouter).

4. Le secret professionnel est fort (attention si non respect)

La couverture à partir du professionnel principal peut être large.

- Le Juge a obligation expresse de le respecter.
- Les acteurs sociaux autour du devoir au secret professionnel sont forts : droits fondamentaux des personnes (en Europe), avocats, Justice et procédures, pouvoir des médecins fondant la légitimité de l'Ordre (à prendre très au sérieux en France).
- Au-delà des pressions des questions de l'officier, la facilité de dérogation n'est pas grande (il faut savoir résister et pouvoir comprendre pour distinguer). La construction hiérarchique alternative des professionnels expressément soumis au secret professionnel et forte, tant que ce secret professionnel est respecté et que ce schéma alternatif soit résister.

Dérogation au Secret Professionnel (médical)

Déclarations obligatoires (dues) ; permissions (interprétation favorable), jurisprudence (cas d'espèce)

- Les principes en conflit : droit à la vie privée comme droit fondamental (de la personne, (fumble par ceux des autres).
- Obligation d'assistance à personne en danger (y compris contre la volonté de la personne ou des parents si urgence médicale)
- Primauté de la mission la plus forte (urgence vitale, conserver le lien pour soigner)
- C'est un énoncé précis de Loi qui indique la dérogation, pas l'interprétation individuelle d'un énoncé trop abstrait ou d'une émotion personnelle suite à une impression subjective.

- Préfer attention au type obligatoire ou permis de la dérogation (bien que récemment l'obligation ait été atténuée : obligation morale, pas de sanction si absence de litige)
- Caractère préventif, d'un effet grave ou essentiel (la jurisprudence inclue les dommages économiques de la personne (pension d'invalidité) et sa famille (selon les vœux de la personne si personne décédée)
- On peut être condamné si on ne déroge pas alors qu'indiqué (risque advenu).
- Déroger au secret professionnel a pour effet de suspendre la sanction.
- En secret médical et si risque, on admet quelque latitude sur la forme d'informer est possible par exemple : anonyme mais assez précis pour protéger la victime.
- Appréciation relative « juxta-primauté » : des critères importants peut permettre de différer ou aménager l'autre (de trouver le moyen de faire attention.

Différer au devoir de signalement ? à la demande et pour la personne

mineur consentant en relations sexuelles avec adulte, si le mineur refuse de dénoncer : le soignant doit préserver le contact, assurer le traitement, informer de l'obligation, aménager puis dénoncer, particulièrement si mineur de moins de 15ans ou services où jet influence

- Pour les professionnels en relation « de vie et de risque de mort » toutes choses épuisées par ailleurs on s'occupe de l'urgence.
- L'IVG doit impérativement toujours être consenti par la mineure.
- Retarder l'information due (dérogation légale si priorité du lien, volonté explicite du mineur. On devra trouver comment retarder, pas trop.
- Dans les environnements plus « préventifs » ou incertains il vaut mieux au moins prendre des précautions, avoir un contrat avec le mineur, s'accorder sur un délai, faire accepter un adulte référent un bon conseil pour le mineur

- Recommandations :
  - ◦ Être clair et franc sur l'obligation d'informer (information préoccupante)
  - ◦ Éviter d'être seul, avoir un tiers en lequel la personne a confiance (famille parfois à éviter)
  - ◦ Négocier un « contrat » différent le foyer si observance indispensable »
- Pour l'enfant, appréciation de la maturité et de la préférence, de la maturité sexuelle relative (droits de l'enfant contre les parents)
- Primauté de la mission la plus forte, pour retarder, un peu, seulement si urgence du risque seulement relative

Philosophiquement il vaut mieux comprendre le « partage du secret professionnel » comme un partage de l'obligation renforcée du secret professionnel (vous passez de citoyen à professionnel impliqué) auquel cas votre service peut être informé.

31

Communication d'Informations Concernant les Personnes

- Respecter certaines règles à la fois déontologiques et de bon sens.
- Ne parler des usagers que dans un endroit et en un temps approprié (circonscription du secret).
- Lors des réunions de synthèse ou de concertation, se faire toujours préciser quel est l'objectif de la rencontre et ne livrer lors de cette rencontre que les éléments nécessaires qui concernent strictement le sujet abordé.
- Les réunions de synthèse doivent rester des cadres de respect des vies privées des usagers.
- Lors de la rédaction de rapports et d'écrits de toute nature, il convient de se limiter au strict nécessaire règle de droit (article 9 du Code Civil), particulièrement en considération et compréhension des actes que conduit la personne autorisée (juge, professionnel, contrôleur de droits sociaux)
- Les éléments d'information professionnelles détaillées propres, indispensables à la compréhension et affirmation des interprétations, cas des professionnels en matières cliniques, doivent si besoin, être transmis en complément sous forme cachetée et adressé (à un collègue de rang équivalent (dans le secret professionnel)
- Il est bon de connaître le circuit des écrits et la composition des commissions qui peuvent les examiner, de façon à adapter l'écrit en conséquence ...

BONJOUR P. et CORVAZIER F. (2003) cités par J-P Rosenczveig

« toujours se poser la question, avant de transmettre une information, surtout si elle apparaît confidentielle:

- cette information est-elle nécessaire à transmettre pour un bon fonctionnement et un exercice correct de la mission dans laquelle on est ? (Ce n'est jamais dans l'absolu qu'une telle réponse peut être faite)
  - Est-ce nécessaire pour un meilleur travail de chacun ou de tous dans l'équipe auprès du jeune en question ?
  - Qu'est-ce que cette révélation apporte pour le sujet ?

Dans une structure médico sanitaire il est admis que les éléments d'information sont communiqués assez librement au sein de l'établissement, il convient donc le faire savoir à la personne et respecter ses interdits et notions délicates non strictement nécessaires.

Dans des structures plus individuelles (cabinet, association ...) les choses sont un peu moins clair et les communications d'informations indispensables bien conçues.

Bonnes pratiques de respect de la vie privée de l'usager

- Garder son dossier en un lieu, des formes en gestion appropriée pour sa conservation
- Prévenir l'usager de la nécessité de transmettre une information le concernant et lui demander son autorisation pour le faire, particulièrement dans la rédaction d'un rapport ou matériel consultable par lui ou opposable
- Lire tout rapport à l'usager et l'informer des voies de recours dont il dispose. (En techniques cliniques cela est contenu en partie dans l'obtention du consentement éclairé).
- Ne transmettre qu'avec accord explicite de l'usager, que ce qui concerne le point de vu situation abordée.
- La connaissance pratique des droits.
  - L'information médicale ou juridique (accès, délivrance, conservation)
  - ◇ 1994 CIRCULAIRE AD 94, 10 du 7 octobre 1994 relative au fin et à la conservation des archives des établissements publics de santé documents produits après 1968 et concernant le patrimoine foncier immobilier et mobilier des « établissements
  - ◇ 2006 CIRCULAIRE N°DHOS/E1/DGS/2016/SD1G/2044/2006/90 du 2 mars 2006 relative aux droits des personnes hospitalisées et comportant une charte de la personne hospitalisée
  - ◇ 2007 INSTRUCTION INTERMINISTERIELLE N°DHOS/E1/DAF/DPACI/2007/322 et (n°DAF/DPACI/RES/2007/014), du 14 août 2007 relative à la gestion du dossier médical
  - ◇ 2009 CIRCULAIRE N°DHOS/E1/2009/207 du 3 juillet 2009 relative aux délais de communication des informations de santé concernant une personne
  - ◇ CIRCULAIRE N°DHOS/E1/2009/271 du 21 août 2009 relative à la communication des informations de santé concernant une personne décidée ayant été hospitalisée dans un établissement public de santé ou un établissement de santé privé chargé d'une mission de service public.

Secret Professionnel en Protection de l'Enfance

Principes régisseurs : secret professionnel droit fondamental de la personne, dérogations légales admises, droit de l'enfant d'être consulté éclairé et de consentir librement, priorité de l'essentiel soins et/ou urgence vitale, dérogation obligatoire majorité sexuelle légale relative 15 ans

Code Pénal

Sanction si non respect du Secret Professionnel Art. 226-13 modifié par Ordonnance n2000-916 du 19 septembre 2000 en vigueur le 1er janvier 2002	La révélation d'une information à caractère secret par une personne qui en est dépositaire soit par état ou par profession, soit en raison d'une fonction ou d'une mission temporaire, est punie d'un an d'emprisonnement et de 15000 euros d'amende.
Exemptions de Sanction si non respect du Secret Professionnel Art. 226-14 modifié par Loi n2003-239 du 18 mars 2003 - art. 85 modifié par Loi n2007-297 du 5 mars 2007 - art. 34 JORF 7 mars 2007	L'article 226-13 n'est pas applicable dans les cas où la loi impose ou autorise la révélation du secret. En outre, il n'est pas applicable: 1° A celui qui informe les autorités judiciaires, médicales ou administratives de privations ou de sévices, y compris lorsqu'il s'agit d'atteintes ou mutilations sexuelles, dont il a eu connaissance et qui ont été infligées à un mineur ou à une personne qui n'est pas en mesure de se protéger en raison de son âge ou de son incapacité physique ou psychique ; 2° Au médecin qui, avec l'accord de la victime, porte à la connaissance du procureur de la République les sévices ou privations qu'il a constatés, sur le plan physique ou psychique, dans l'exercice de sa profession et qui lui permettent de présumer que des violences physiques, sexuelles ou psychiques de toute nature ont été commises. Lorsque la victime est un mineur ou une personne qui n'est pas en mesure de se protéger en raison de son âge ou de son incapacité physique ou psychique, son accord n'est pas nécessaire ; 3° Aux professionnels de la santé ou de l'action sociale qui informent le préfet et, à Paris, le préfet de police du caractère dangereux pour elles-mêmes ou pour autrui des personnes qu'ils consultent et dont ils savent qu'elles détiennent une arme ou qu'elles ont manifesté leur intention d'en acquérir une. La signalement aux autorités compétentes effectué dans les conditions prévues au présent article ne peut faire l'objet d'aucune sanction disciplinaire.
Sanction si non assistance a personne en danger Art. 223-6 modifié par Ordonnance n2000-916 du 19 septembre 2000 - art. 3 (V) JORF 22 septembre 2000 en vigueur le 1er janvier 2002	Quiconque pouvant empêcher par son action immédiate, sans risque pour lui ou pour les tiers, soit un crime, soit un délit contre l'intégrité corporelle de la personne s'abstient volontairement de le faire est puni de cinq ans d'emprisonnement et de 75000 euros d'amende. Sera puni des mêmes peines quiconque s'abstient volontairement de porter à une personne en péril l'assistance que, sans risque pour lui ou pour les tiers, il pouvait lui prêter soit par son action personnelle, soit en provoquant un secours.
Dénonciation de privations mauvais traitements ou atteintes sexuelle Article 434-3 CP Modifié par Ordonnance n2000-916 du 19 septembre 2000 - art. 3 (V) JORF 22 septembre 2000 en vigueur le 1er janvier 2002	Le fait, pour quiconque ayant eu connaissance de privations, de mauvais traitements ou d'atteintes sexuelles infligés à un mineur de quinze ans ou à une personne qui n'est pas en mesure de se protéger en raison de son âge, d'une maladie, d'une infirmité, d'une déficience physique ou psychique ou d'un état de grossesse, de ne pas en informer les autorités judiciaires ou administratives est puni de trois ans d'emprisonnement et de 45000 euros d'amende.

Code Civil

Exceptions au Secret Professionnel Art. 375 Modifié par Loi n2007-293 du 5 mars 2007 - art. 14 JORF 6 mars 2007	Si la santé, la sécurité ou la moralité d'un mineur non émancipé sont en danger, ou si les conditions de son éducation ou de son développement physique, affectif, intellectuel et social sont gravement compromises, des mesures d'assistance éducative peuvent être ordonnées par justice à la requête des père et mère conjointement, ou de l'un d'eux, de la personne ou du service à qui l'enfant a été confié ou du tuteur, du mineur lui-même ou du ministère public. Dans les cas où le ministère public a été avisé par le président du conseil général, il s'assure que la situation du mineur entre dans le champ d'application de l'article L. 226-4 du code de l'action sociale et des familles. Le juge peut se saisir d'office à titre exceptionnel. Elles peuvent être ordonnées en même temps pour plusieurs enfants relevant de la même autorité parentale. La décision fixe la durée de la mesure sans que celle-ci puisse, lorsqu'il s'agit d'une mesure éducative exercée par un service ou une institution, excéder deux ans. La mesure peut être renouvelée par décision motivée. Cependant, lorsque les parents présentent des difficultés relationnelles et éducatives graves, sévères et chroniques, évaluées comme telles dans l'état actuel des connaissances, affectant durablement leurs compétences dans l'exercice de leur responsabilité parentale, une mesure d'accueil exercée par un service ou une institution peut être ordonnée pour une durée supérieure, afin de permettre à l'enfant de bénéficier d'une continuité relationnelle affective et géographique dans son lieu de vie dès lors qu'il est adapté à ses besoins immédiats et à venir. Un rapport concernant la situation de l'enfant doit être transmis annuellement au juge des enfants.

Code de l'Action Sociale et des Familles (CASF)

Buts de la protection de l'enfance Art. L112-3 Créé par Loi n2007-293 du 5 mars 2007 - art. 1 JORF 6 mars 2007	La protection de l'enfance a pour but de prévenir les difficultés auxquelles les parents peuvent être confrontés dans l'exercice de leurs responsabilités éducatives, d'accompagner les familles et d'assurer, le cas échéant, selon des modalités adaptées à leurs besoins, une prise en charge partielle ou totale des mineurs. Elle comporte à cet effet un ensemble d'interventions en faveur de ceux-ci et de leurs parents. Ces interventions peuvent également être destinées à des majeurs de moins de vingt et un ans connaissant des difficultés susceptibles de compromettre gravement leur équilibre. La protection de l'enfance a également pour but de prévenir les difficultés que peuvent rencontrer les mineurs privés temporairement ou définitivement de la protection de leur famille et d'assurer leur prise en charge.
Intérêt de l'enfant primé Art. L112-4	L'intérêt de l'enfant, la prise en compte de ses besoins fondamentaux, physiques, intellectuels, sociaux et affectifs ainsi que le respect de ses droits doivent guider toutes décisions le concernant

Mise en œuvre de l'information préoccupante Art. L226-2-1 Créé par Loi 2007-293 2007-03-05 art. 12 1° JORF 6 mars 2007	Sans préjudice des dispositions du II de l'article L. 226-4, les personnes qui mettent en œuvre la politique de protection de l'enfance définie à l'article L. 112-3 ainsi que celles qui lui apportent leur concours transmettent sans délai au président du conseil général ou au responsable désigné par lui, conformément à l'article L. 226-3, toute information préoccupante sur un mineur en danger ou qui risque de l'être, au sens de l'article 375 du code civil. Lorsque cette information est couverte par le secret professionnel, sa transmission est assurée dans le respect de l'article L. 226-2-2 du présent code. Cette transmission a pour but de permettre d'évaluer la situation du mineur et de déterminer les actions de protection et d'aide dont ce mineur et sa famille peuvent bénéficier. Sauf intérêt contraire de l'enfant, le père, la mère, toute autre personne exerçant l'autorité parentale ou le tuteur sont préalablement informés de cette transmission, selon des modalités adaptées.	
Partage des informations dans le cadre IP Art. L226-2-2	Par exception à l'article 226-13 du code pénal, les personnes soumises au secret professionnel qui mettent en œuvre la politique de protection de l'enfance définie à l'article L. 112-3 ou qui lui apportent leur concours sont autorisées à partager entre elles des informations à caractère secret afin d'évaluer une situation individuelle, de déterminer et de mettre en œuvre les actions de protection et d'aide dont les mineurs et leur famille peuvent bénéficier. Le partage des informations relatives à une situation individuelle est strictement limité à ce qui est nécessaire à l'accomplissement de la mission de protection de l'enfance. Le père, la mère, toute autre personne exerçant l'autorité parentale, le tuteur, l'enfant en fonction de son âge et de sa maturité sont préalablement informés, selon des modalités adaptées, sauf si cette information est contraire à l'intérêt de l'enfant.	
Gestion départementale des IP Art. L226-3	Le président du conseil général est chargé du recueil, du traitement et de l'évaluation, à tout moment et quelle qu'en soit l'origine, des informations préoccupantes relatives aux mineurs en danger ou qui risquent de l'être. Le représentant de l'État et l'autorité judiciaire lui apportent leur concours. Des protocoles sont établis à cette fin entre le président du conseil général, le représentant de l'État dans le département, les partenaires institutionnels concernés et l'autorité judiciaire en vue de centraliser le recueil des informations préoccupantes au sein d'une cellule de recueil, de traitement et d'évaluation de ces informations. Après évaluation, les informations individuelles font, si nécessaire, l'objet d'un signalement à l'autorité judiciaire. Les services publics, ainsi que les établissements publics et privés susceptibles de connaître des situations de mineurs en danger ou qui risquent de l'être, participent au dispositif départemental. Le président du conseil général peut requérir la collaboration d'associations concourant à la protection de l'enfance. Les informations mentionnées au premier alinéa ne peuvent être collectées, conservées et utilisées que pour assurer les missions prévues au 5° de l'article L. 221-1. Elles sont transmises sous forme anonyme à l'observatoire départemental de la protection de l'enfance prévu à l'article L. 226-3-1 et à l'Observatoire national de l'enfance en danger prévu à l'article L. 226-6. La nature et les modalités de transmission de ces informations sont fixées par décret.	
Transmission judiciaire des IP Art. L226-4 Modifié par Loi n°2007-293 du 5 mars 2007 - art. 12 JORF 6 mars 2007	I. - Le président du conseil général avise sans délai le procureur de la République lorsqu'un mineur est en danger au sens de l'article 375 du code civil et : 1° Qu'il a déjà fait l'objet d'une ou plusieurs actions mentionnées aux articles L. 222-3 et L. 222-5, et que celles-ci n'ont pas permis de remédier à la situation ; 2° Que, bien que n'ayant fait l'objet d'aucune des actions mentionnées au 1°, celles-ci ne peuvent être mises en place en raison du refus de la famille d'accepter l'intervention du service de l'aide sociale à l'enfance ou de l'impossibilité dans laquelle elle se trouve de collaborer avec ce service. Il avise également sans délai le procureur de la République lorsqu'un mineur est présumé être en situation de danger au sens de l'article 375 du code civil mais qu'il est impossible d'évaluer cette situation. Le président du conseil général fait connaître au procureur de la République les actions déjà menées, le cas échéant, auprès du mineur et de la famille intéressée. Le procureur de la République informe dans les meilleurs délais le président du conseil général des suites qui ont été données à sa saisine. II. - Toute personne travaillant au sein des organismes mentionnés au quatrième alinéa de l'article L. 226-3 qui avise directement, du fait de la gravité de la situation, le procureur de la République de la situation d'un mineur en danger adresse une copie de cette transmission au président du conseil général. Lorsque le procureur a été avisé par une autre personne, il transmet au président du conseil général les informations qui sont nécessaires à l'accomplissement de la mission de protection de l'enfance confiée à ce dernier et il informe cette personne des suites réservées à son signalement, dans les conditions prévues aux articles 40-1 et 40-2 du code de procédure pénale.	

Code de Code de l'Action Sociale et des Familles CASF

Etablissement Secret Professionnel et enfant ou adolescent Article D312-37 Modifié par Décret n°2009-378 du 2 avril 2009 - art. 2	L'établissement ou le service constitue et conserve pour chaque enfant ou adolescent, dans le respect des règles de droit régissant le secret professionnel et la conservation des documents, un dossier comportant, outre les informations d'état civil : 1° Les résultats des examens et enquêtes qui ont motivé la décision d'orientation prononcée par la commission des droits et de l'autonomie des personnes handicapées ; 2° Une autorisation écrite des parents ou tuteurs permettant la mise en œuvre de traitements urgents qui peuvent être reconnus nécessaires par les médecins de l'établissement ; 3° Le projet individualisé d'accompagnement défini par l'établissement pour l'enfant ou l'adolescent avec le projet personnalisé de scolarisation notifié par la commission des droits et de l'autonomie ; 4° Le compte rendu des réunions de synthèse et de l'équipe de suivi de la scolarisation consacrées à l'enfant ou l'adolescent ; 5° Le compte rendu régulier des acquisitions scolaires et de la formation professionnelle ; 6° La décision et les motifs de la sortie établis par la commission des droits et de l'autonomie des personnes handicapées ainsi que, le cas échéant, l'orientation donnée aux enfants ou aux adolescents ; 7° Les informations dont dispose l'établissement sur le devenir du jeune pendant un délai de trois ans après la sortie définitive ; 8° Le compte rendu de la surveillance médicale régulière du développement psychologique, cognitif et corporel de l'enfant ou de l'adolescent ; 9° Les certificats médicaux et les résultats des ex amens cliniques et complémentaires pratiqués à l'intérieur ou à l'extérieur de l'établissement. Le contenu et l'usage du dossier de l'intéressé doivent être conformes à la législation en vigueur, notamment aux articles L. 1111-7 et L. 1111-8 du code de la santé publique.	

Code de Santé Publique

Département et protection sanitaire de la famille et de l'enfance Art. L1423-1 modifié par Loi n°2004-809 du 13 août 2004 - art. 71 JORF 17 août 2004	Le département est responsable de la protection sanitaire de la famille et de l'enfance dans les conditions prévues au livre Ier de la deuxième partie.
PMI départementale Art. L2112-1 Modifié par Loi n°2007-293 du 5 mars 2007 - art. 1 JORF 6 mars 2007	Les compétences dévolues au département par l'article L. 1423-1 et par l'article L. 2111-2 sont exercées, sous l'autorité et la responsabilité du président du conseil général, par le service départemental de protection maternelle et infantile qui est un service non personnalisé du département. Ce service est dirigé par un médecin et comprend des personnels qualifiés notamment dans les domaines médical, paramédical, social et psychologique. Les exigences de qualification professionnelle de ces personnels sont fixées par voie réglementaire.
PMI départementale compétences Art. L2111-2 modifié par Loi 2005-706 2005-06-27 art. 13 2° JORF 28 juin 2005	Les services et consultations de santé maternelle et infantile, les activités de protection de la santé maternelle et infantile à domicile, l'agrément des assistants familiaux ainsi que l'agrément, le contrôle, la formation mentionnée à l'article L. 421-14 du code de l'action sociale et des familles et la surveillance des assistants maternels, relevant de la compétence du département qui en assure l'organisation et le financement sous réserve des dispositions des articles L. 2112-7, L. 2112-8, L. 2214-1, L. 2327-6 et L. 2323-7
Santé de l'enfant et mission du médecin de PMI départementale Art. L2112-6	En toute circonstance et particulièrement lors des consultations ou des visites à domicile, chaque fois qu'il est constaté que l'état de santé de l'enfant requiert des soins appropriés, il incombe au service départemental de protection maternelle et infantile d'engager la famille ou la personne à laquelle l'enfant a été confié à faire appel au médecin de son choix et, le cas échéant, d'inciter la famille ayant en charge l'enfant à prendre toutes autres dispositions utiles. Chaque fois que le personnel du service départemental de protection maternelle et infantile constate que la santé ou le développement de l'enfant sont compromis ou menacés par des mauvais traitements, et sans préjudice des compétences et de la saisine de l'autorité judiciaire, le personnel en rend compte sans délai au médecin responsable du service afin que celui-ci provoque d'urgence toutes mesures appropriées. Lorsqu'un médecin du service départemental de protection maternelle et infantile estime que les circonstances font obstacle à ce que l'enfant reçoive les soins nécessaires, il lui appartient de prendre toutes mesures relevant de sa compétence propres à faire face à la situation. Il en rend compte au médecin responsable du service
SP et collaborateurs de PMI Art. L2112-9	Les articles 226-13 et 226-14 du code pénal relatifs au secret professionnel sont applicables à toute personne appelée à collaborer au service départemental de protection maternelle et infantile.
Consultation de Nourrisson en PMI Art. R. 2132-9	Chaque consultation de nourrissons doit posséder au moins : 1°Un bureau médical pourvu du matériel nécessaire à l'examen des enfants ; 2°Une réserve de pharmacie, avec placards fermant à clé pour les toxiques ; 3°Une salle d'attente spacieuse, bien aérée, s'ouvrant directement dans une salle de pesée et pourvue de sièges en nombre suffisant. Chaque mère est pourvue d'une corbeille dans laquelle elle place les vêtements de son enfant lorsqu'elle le déshabille avant de le passer dans la salle de pesée. A cette salle est annexé un bureau pour la personne chargée d'accueillir et de renseigner les mères ; 4°Un ou deux boxes d'isolement au moins, situés près de l'entrée de la consultation, afin d'y placer les enfants suspects de maladies contagieuses ; 5°Une salle de pesée, où chaque nourrisson est pesé et où est inscrit sur une fiche individuelle le poids constaté ; 6°Un fichier médical et social. Chaque enfant doit posséder une fiche médicale régulièrement mise à jour sur laquelle figure notamment un relevé des examens pratiqués et des traitements prescrits. Le personnel médical a seul qualité pour consulter ces fiches ; 7°Un garage pour les voitures d'enfants.
Gestion de l'information en PMI Art.R. 2132-14	toute consultation de nourrissons, une personne qualifiée se trouve en permanence durant les heures d'ouverture pour coordonner l'activité des différents services, répondre aux demandes de renseignements, recevoir éventuellement les doléances et, d'une manière générale, assurer les rapports avec l'extérieur. Cette personne ne peut être l'infirmier ou l'infirmière responsable.
Responsabilité de la gestion de l'information en PMI Art. R. 2132-15	Tout le personnel de l'établissement est tenu d'observer les règles du secret médical et les fiches de la consultation doivent être mises, sous la responsabilité du médecin responsable, à l'abri de toute indiscrétion.
Médecin et victime de sévices Art. R4127-44 Modifié par Décret n°2012-694 du 7 mai 2012 - art. 2 Code de déontologie médicale Art. 44	Lorsqu'un médecin discerne qu'une personne auprès de laquelle il est appelé est victime de sévices ou de privations, il doit mettre en œuvre les moyens les plus adéquats pour la protéger en faisant preuve de prudence et de circonspection. Lorsqu'il s'agit d'un mineur ou d'une personne qui n'est pas en mesure de se protéger en raison de son âge ou de son état physique ou psychique, il alerte les autorités judiciaires ou administratives, sauf circonstances particulières qu'il apprécie en conscience.
Médecin défenseur de l'Enfant dans l'intérêt de sa santé Art. R4127-43 Code de déontologie médicale Art. 43	Le médecin doit être le défenseur de l'enfant lorsqu'il estime que l'intérêt de sa santé est mal compris ou mal préservé par son entourage.
Victime de sévices conditions de levée du secret professionnel par le médecin Article R4127-44 Modifié par Décret n°2012-694 du 7 mai 2012 - art. 2	Lorsqu'un médecin discerne qu'une personne auprès de laquelle il est appelé est victime de sévices ou de privations, il doit mettre en œuvre les moyens les plus adéquats pour la protéger en faisant preuve de prudence et de circonspection. Lorsqu'il s'agit d'un mineur ou d'une personne qui n'est pas en mesure de se protéger en raison de son âge ou de son état physique ou psychique, il alerte les autorités judiciaires ou administratives, sauf circonstances particulières qu'il apprécie en conscience.

Code de l'Action Sociale et des Familles (CASF)

Buts de la protection de l'enfance Article L.112-3	La protection de l'enfance a pour but de prévenir les difficultés auxquelles les parents peuvent être confrontés dans l'exercice de leurs responsabilités éducatives, d'accompagner les familles et d'assurer, le cas échéant, selon des modalités adaptées à leurs besoins, une prise en charge partielle ou totale des mineurs. Elle comporte à cet effet un ensemble d'interventions en faveur de ceux-ci et de leurs parents. Ces interventions peuvent également être destinées à des majeurs de moins de vingt et un ans connaissant des difficultés susceptibles de compromettre gravement leur équilibre. La protection de l'enfance a également pour but de prévenir les difficultés que peuvent rencontrer les mineurs privés temporairement ou définitivement de la protection de leur famille et d'assurer leur prise en charge.
Mise en œuvre de l'information préoccupante (IP) Article L.226-2-1	Sans préjudice des dispositions du II de l'article L. 226-4, les personnes qui mettent en œuvre la politique de protection de l'enfance définie à l'article L. 112-3 ainsi que celles qui lui apportent leur concours transmettent sans délai au président du conseil général ou au responsable désigné par lui, conformément à l'article L. 226-3, toute information préoccupante sur un mineur en danger ou risquant de l'être, au sens de l'article 375 du code civil. Lorsque cette information est couverte par le secret professionnel, sa transmission est assurée dans le respect de l'article L. 226-2-2 du présent code. Cette transmission a pour but de permettre d'évaluer la situation du mineur et de déterminer les actions de protection et d'aide dont ce mineur et sa famille peuvent bénéficier. Sauf intérêt contraire de l'enfant, le père, la mère, toute autre personne exerçant l'autorité parentale ou le tuteur sont préalablement informés de cette transmission, selon des modalités adaptées.
Partage des informations dans le cadre IP Article L226-2-2	Par exception à l'article 226-13 du code pénal, les personnes soumises au secret professionnel qui mettent en œuvre la politique de protection de l'enfance définie à l'article L. 112-3 ou qui lui apportent leur concours sont autorisées à partager entre elles des informations à caractère secret afin d'évaluer une situation individuelle, de déterminer et de mettre en œuvre les actions de protection et d'aide dont les mineurs et leur famille peuvent bénéficier. Le partage des informations relatives à une situation individuelle est strictement limité à ce qui est nécessaire à l'accomplissement de la mission de protection de l'enfance. Le père, la mère, toute autre personne exerçant l'autorité parentale, le tuteur, l'enfant en fonction de son âge et de sa maturité sont préalablement informés, selon des modalités adaptées, sauf si cette information est contraire à l'intérêt de l'enfant.
Gestion départementale des IP Article L226-3	Le président du conseil général est chargé du recueil, du traitement et de l'évaluation, à tout moment et quelle qu'en soit l'origine, des informations préoccupantes relatives aux mineurs en danger ou qui risquent de l'être. Le représentant de l'Etat et l'autorité judiciaire lui apportent leur concours. Des protocoles sont établis à cette fin entre le président du conseil général, le représentant de l'Etat dans le département, les partenaires institutionnels concernés et l'autorité judiciaire en vue de centraliser le recueil des informations préoccupantes au sein d'une cellule de recueil, de traitement et d'évaluation de ces informations. Après évaluation, les informations individuelles font, si nécessaire, l'objet d'un signalement à l'autorité judiciaire. Les services publics, ainsi que les établissements publics et privés susceptibles de connaître des situations de mineurs en danger ou qui risquent de l'être, participent au dispositif départemental. Le président du conseil général peut requérir la collaboration d'associations concourant à la protection de l'enfance. Les informations mentionnées au premier alinéa ne peuvent être collectées, conservées et utilisées que pour assurer les missions prévues au 5° de l'article le L. 221-1. Elles sont transmises sous forme anonyme à l'observatoire départemental de la protection de l'enfance prévu à l'article L. 226-3-1 et à l'Observatoire national de l'enfance en danger prévu à l'article L. 226-6. La nature et les modalités de transmission de ces informations sont fixées par décret.
Transmission judiciaire des IP Article L226-4 modifié par Loi n°2007-293 du 5 mars 2007 - art. 12 JORF 6 mars 2007 modifié par Loi n°2007-293 du 5 mars 2007 - art. 3 JORF 6 mars 2007	I. - Le président du conseil général avise sans délai le procureur de la République lorsqu'un mineur est en danger au sens de l'article 375 du code civil et : 1° Qu'il a déjà fait l'objet d'une ou plusieurs actions mentionnées aux articles L. 222-3 et L. 222-4-2 et au 1° de l'article L. 222-5, et que celles-ci n'ont pas permis de remédier à la situation ; 2° Que, bien que n'ayant fait l'objet d'aucune des actions mentionnées au 1°, celles-ci ne peuvent être mises en place en raison du refus de la famille d'accepter l'intervention du service de l'aide sociale à l'enfance ou de l'impossibilité dans laquelle elle se trouve de collaborer avec ce service. Il avise également sans délai le procureur de la République lorsqu'un mineur est présumé être en situation de danger au sens de l'article 375 du code civil mais qu'il est impossible d'évaluer cette situation. Le Président du Conseil Général fait connaître au procureur de la République les actions déjà menées, le cas échéant, auprès du mineur et de la famille intéressée. Le procureur de la République informe dans les meilleurs délais le président du conseil général des suites qui ont été données à sa saisine. II. - Toute personne travaillant au sein des organismes mentionnés au quatrième alinéa de l'article L. 226-3 qui avise directement, du fait de la gravité de la situation, le procureur de la République en raison de la situation d'un mineur en danger adresse une copie de cette transmission au président du conseil général. Lorsque le procureur a été avisé par une autre personne, il transmet au président du conseil général les informations qui sont nécessaires à l'accomplissement de la mission de protection de l'enfance confiée à ce dernier et il informe cette personne des suites réservées à son signalement, dans les conditions prévues aux articles 40-1 et 40-2 du code de procédure pénale.

Relations Sexuelles avec Mineurs

La sexualité des mineurs, c'est-à-dire de jeunes «non responsables», pose problème lorsqu'avec des adultes («irresponsables»). Sur ces questions, les mesures judiciaires sont soumises en pays «démocratiques et développés» à des dynamiques contradictoires de divers ordres :

- La maturité somatique sexuelle de plus en plus précoce de populations bien nourries et «stimulantes» ou/et stimulées, mais pouvant être très facilement en décalage avec des maturités psychologiques (discernement) de «libre arbitre» de plus en plus difficiles.

- La disposition d'artefacts et de moyens assez abondants pour permettre des activités sexuelles préventivement relativement sûres. Notamment pour ce qui concerne la prévention de la reproduction : moyens de contraceptions et diverses dispositions de «rattrapage» : interruption volontaire de grossesse, etc.

- Le développement de la société de droits qui donnent de plus en plus des cadres qui se veulent vertueux ou respectueux ou abus, au cours des âges sensibles des mineurs moins de libertés aux abus, au cours des âges sensibles des mineurs (préadolescents ou adolescents). Protections plus rigoureuses, mais qui se confrontent dans la réalité à plus de complexités, de communications perverses sinon de stigmatisations.

- Des développements de long terme prolongeant l'exercice des libertés y compris celles de transgresser (voyages, infections chroniques, etc.)

Pour quelques principes de base en cette matière il y a :

- **L'interdiction des relations sexuelles forcées ou approximativement consenties mais influencées ou détournées.** Exemple de relations intrafamiliales (plus ou moins incestueuses) : entre enseignants et enseignés : harcèlement sur les lieux des relations de travail : etc.

- **Notion de majorité sexuelle relative de mineur à partir de 15 ans,** avec une protection spécifique des mineurs y compris vis-à-vis des parents ou représentants naturels de ces mineurs de quinze ans ou plus (incluant la contraception, les interruptions volontaires des grossesses, la l'interdiction d'accès des détenteurs de l'autorité parentale aux dossiers médicaux du mineur). Mais à pondéré avec le fait que l'âge légal de mariage fut harmonisé à la majorité (18 ans) pour les filles tout comme les garçons (en France), alors que biologiquement on connaît bien le décalage.

- **Interdiction de relations entre adultes et mineurs,** avec cependant le problème de l'interprétation non imposable ni «forçable» dans le cas où mineur consentant (côté intime) peut ne pas collaborer à la prévention pour des motifs qui posent problème à sa protection.

- Notion de crime ou viol dès que circonstances aggravantes, «détournement» de relations, venant avec l'obligation de dérogation si des risques de crime ou délit peuvent être prévenus: atteintes à l'ordre public : détournement pornographique, commercialisation, prostitution (c'est le proxénétisme qui est interdit) sévices (tout personne faible, mineur ou protégeable).

- **L'adulte victime mais responsable a pour sa part la ressource d'empêcher la dérogation au secret** (mais la dérogation s'applique en cas de prévention possible d'actes répréhensibles graves).

- **Dérogation et dénonciation obligée** dès que la victime est mineure de moins de 15 ans y compris à l'encontre de son refus, dès lors que et l'adulte majeur. Avec cependant quelque flou sur les formes et délais en considérations de **priorités pouvant exister** (lien, traitement, …).

- De noter cependant que cette non dénonciation n'est pas sanctionnée elle est donc en pratique laissée à votre appréciation éthique. Pour autant et évidemment, que si vous n'avez pas agit en prévention et que des conséquences néfastes sont survenues, auquel cas votre défaut facilitera votre culpabilisation.

- En cas de situation entre deux mineurs, il y a quelque vide juridique, mais reste l'appréciation des décalages entre les deux et les discernements respectifs (une situation conflictuelle et franche correspond bien à un motif d'appréciation par la Justice (Juge pour enfant)

Le tableau suivant tente de systématiser les cas possibles (y compris les plus improbables) : pour examiner comment on peut en rester à une évaluation rassurante ou si l'on doit évoluer vers une dérogation au secret professionnel. Le tableau essaie de prendre en compte les difficultés du soin, notamment en structures publiques de service auprès des mineurs adolescents, pas forcément coopérant.

Etudiez la cible en sommet gauche du tableau. Elle a quatre (4) secteurs :

1. Le haut gauche est celui du consentement. Entre adultes, on est peu concerné, sinon par une condition ou faiblesse particulière d'un des adultes ou la détection de sévices. Les vérifications (non inquisitoriales), concernent les autres cas.

• Dès qu'un mineur en jeu, il faudra par contre enquêter. On analyse en fonction de la différence d'âges et degrés de discernement des mineurs. Le critère de la majorité sexuelle relative à 15 ans permet d'apprécier les relations à ces âges. Il n'en reste pas moins que compte tenu de la fragilité, la période de maturation cérébrale critique des adolescents, on doit prendre des précautions.

2. Le secteur bas à droite est celui du viol, plus ou moins aggravé. La seule chose qui peut vraiment bloquer chez l'adulte c'est que la victime présumée en pleine possession de ses moyens de jugement refuse les conseils (de dénoncer, se plaindre ou de construire ses preuves). Chez elle, au fond, le praticien est plutôt technicien de soutien, pour lui remettre en mains les pièces vraisemblables de son service (certificats de constatations aussi descriptifs que possible, examens para-cliniques preuves facilement interprétables).

• De convaincre l'adulte que l'on ne peut agir pour son compte ou dénoncer à sa place ; mais qu'il est bien pour elle d'avoir en main toutes les pièces de son pardon.

• Eu égard aux mineurs ou adolescents, les notions de ce domaine se compliquent, non pas tant parce que la Loi n'aurait pas les dispositions nécessaires mais plutôt parce que les collaborations des victimes (qui souvent ne doivent pas devenir « stigmatisées victimologiques » parlant) peuvent ne pas collaborer avec les « services ». On est souvent aussi chez eux dans un flou de constructions psychologiques compliquées pas forcément coupables chez l'enfant: manipulations (parfois plutôt comme des appels à l'aide), perversités (qui peuvent être chez les enfants des effets de maltraitance ou d'imitation des adultes de leurs entourage, ou encore des tests ou des simulations non négatives : sans la même signification que pour les adultes), constructions mythomanes (âge naturel de ces constructions parfois culturelles) etc. Celui qui sert pour, au moins, ne pas desservir, n'a pas toujours toute la maîtrise, de ces constructions «dérangeantes »

En lignes (première colonne du tableau) on aurait la victime. On n'exclut pas d'éventualités, même rares. Il est possible que l'adulte soit la victime. Il faut bien sûr vérifier autant que possible. Dans le doute, l'important du travail est d'accumuler les faits et notions (et au besoin les traces de ses précautions), en essayant de bien classer un peu selon le schéma de la construction cognitive du fait.

En colonnes (première ligne) on dispose la personne qui représente le risque ou auteur (ou le fort de la relation), personne souvent absente. La problématique de la décision n'est pas tant le degré. Théoriquement dès lors que non consentement et éléments objectifs; en accord de la victime, on peut engager les ressources techniques.

Certains actes cliniques sont assez délicats pour ne pas pouvoir se passer d'un consentement (formalisé ou pas). Il faut les connaître et les présenter. Si refus il faut expliquer et suggérer que d'avoir de bonnes preuves est important. Convaincre le mineur tout autant que le majeur. Définir la relation aux parents. Les parents doivent consentir aux actes; cependant, en cas d'urgence, il est explicite dans les Lois qu'on peut se passer des accords des uns et des autres. En cas de refus du mineur de mettre en jeu l'autorité de ses parents, nombre de cas plus ou moins spécifiques suivent l'avis de l'enfant (IVG, VIH, etc.), on préserve l'anonymat, on n'informe par les parents. Cette facilitation légale indique la participation d'un tiers adulte agréé par l'enfant ; avec peu de contrainte en ce qui concerne ce tiers. L'enfant peut se faire représenter par un avocat.

3. Le secteur haut droit du cercle, concerne le détournement : commercialisation et autres notions associables aux relations (facteurs aggravants objectifs). Ces notions établies, «expédient» le cas dans le judiciaire dès lors qu'un mineur est utilisé (passage en secteur bas droit).

4. Le secteur bas à gauche recherche les éléments psycho (-sociaux?) aggravants : sévices, victime fragilité ou/et handicapé dans sa défense physique ou son raisonnement. Éléments qui transforment des doutes en actes criminels et font donc passer en viol.

Dans ces deux derniers points les éléments permettent d'orienter, de trancher, plutôt en matière de précautions, pour ne pas se retrancher dans la facilité de se taire. Au cas par cas, il ne sera par forcément facile de différencier entre qui se hâte de juger pour faire ou qui veut éviter de juger pour ne pas faire.

AUTEUR ? FORT ?

La difficulté se trouve avec celle de penser le sens de la relation exposé faible et respecter

Dr Olivier T. Goulichet

Secteur vert : sans problème si vrai

| | Mineur <15ans | Mineur 15 – 17 ans | Majeur |

VICTIME ? FAIBLE ?

- Mineur <15ans
- Mineur 15 – 17 ans
- Majeur

relations contraintes (à vérifier) · relations détournées (pornographie, prostitution, ...) · relations non consentantes · sujet & victime = viol

Mineur & sexualité

relations (emprise: famille, maître)

2 jeunes mineurs

1 ado & 1 jeune mineur

1 adulte 1 jeune mineur

1 jeune mineur 1 ado

2 adolescents

1 adulte 1 ado

1 majeur 1 jeune mineur

1 ado 1 adulte

2 adultes

Sexualité des Mineurs et Secret Professionnel

Principes régisseurs : secret professionnel droit fondamental de la personne, responsabilité individuelle du professionnel, dérogations admises, droit de l'enfant d'être consulté éclairer et consentir librement, majorité sexuelle relative à 15 ans, priorité de l'essentiel soins et/ou urgence vitale, choix de son représentant adulte.

Code Pénal

Agression sexuelle Art. 222-22	Atteinte sexuelle Art. 227-25	Maladies sexuellement transmissible Art. L2311-5	IVG de mineure non consentante Art 223-10
	Relation sexuelle de mineur de 15ans sans contrainte, avec majeur Art. 227-25 modifié par Ordonnance n°2000-916 du 19 septembre 2000 - art. 3 (V) JORF 22 septembre 2000 en vigueur le 1er janvier 2002	Le fait, par un majeur, d'exercer sans violence, contrainte, menace ni surprise une atteinte sexuelle sur la personne d'un mineur de quinze ans est puni de cinq ans d'emprisonnement et de 75000 euros d'amende	

Délivrance de contraception gratuite à mineur désirant garder le secret Art. L 2311-4

Les centres de planification ou d'éducation familiale sont autorisés à délivrer, à titre gratuit, des médicaments produits ou objets contraceptifs, aux mineurs désirant garder le secret

Limites du secret médical et du secret professionnel Art 226-14 modifié par Loi n°2003-239 du 18 mars 2003 - art. 85 modifié par Loi n°2007-297 du 5 mars 2007 - art. 34 JORF 7 mars 2007

L'article 226-3 n'est pas applicable dans les cas où la loi impose ou autorise la révélation du secret. En outre il n'est pas applicable :
1° à celui qui informe les autorités judiciaires, médicales ou administratives de privations ou de sévices, y compris lorsqu'il s'agit d'atteintes sexuelles, dont il a eu connaissance et qui ont été infligées à un mineur [...] ;
2° au médecin qui [...] porte à la connaissance du procureur de la République les sévices ou privations qu'il a constatés, sur le plan physique ou psychique, dans l'exercice de sa profession et qui lui permettent de présumer que des violences physiques sexuelles ou psychiques de toute nature ont été commises. Lorsque la victime est mineure [...], son accord n'est pas nécessaire;
3° Aux professionnels de la santé ou de l'action sociale qui informent le préfet et, à Paris, le préfet de police du caractère dangereux pour elles-mêmes ou pour autrui des personnes qui les consultent et dont ils savent qu'elles détiennent une arme ou qu'elles ont manifesté leur intention d'en acquérir une.
Le signalement aux autorités compétentes effectué dans les conditions prévues au présent article ne peut faire l'objet d'aucune sanction disciplinaire.

Obligation de signalement pour les crimes à venir (viol) Art. 434-1

[...] Quiconque ayant connaissance d'un crime dont il est encore possible de prévenir ou de limiter les effets, ou dont les auteurs sont susceptibles de commettre de nouveaux crimes que pourraient être empêchés, est dans l'obligation d'informer les autorités judiciaires ou administratives. [...]

Obligation de signalement pour les atteintes sur mineurs de moins de 15 ans ou sur personne fragilisée Art. 434-3

Quiconque ayant eu connaissance de privations, de mauvais traitements ou d'atteintes sexuelles infligés à un mineur de moins de 15 ans ou à une personne qui n'est pas en mesure de se protéger (âge, maladie, infirmité, déficience physique ou psychique, grossesse) est dans l'obligation d'informer les autorités judiciaires ou administratives

Code de Procédure Pénale

L'accompagnant adulte du mineur détenu Art. D362 modifié par Décret n°2007-749 du 9 mai 2007 - art. 13 JORF 10 mai 2007 en vigueur le 1er juin 2007

Hors le cas où l'état de santé du détenu rend nécessaire un acte de diagnostic ou de soins auxquels il n'est pas à même de consentir, celui-ci doit, conformément aux dispositions de l'article R. 4127-36 du code de la santé publique, exprimer son consentement préalablement à tout acte médical et, en cas de refus, être informé des conséquences de ce refus.
Lorsque, en application des dispositions de l'article L. 1111-5 du code de la santé publique, le mineur détenu se fait accompagner d'une personne majeure de son choix, celle-ci doit au préalable obtenir des autorités judiciaires ou administratives compétentes, selon que le mineur est prévenu ou condamné, l'autorisation de s'entretenir avec lui, dans le respect de la confidentialité de leurs échanges.
Dans le cas où le mineur ne constituait pas de personne majeure susceptible de l'accompagner, les services du secteur public de la protection judiciaire de la jeunesse relaient sa demande auprès de personnes physiques ou morales extérieures intervenant habituellement auprès de mineurs.

Code de la Santé Publique

Conseil Général en charge des mineurs en danger Art L.2112-2 modifié par LOI n°2007-1787 du 20 décembre 2007 - art. 8

Le président du conseil général a pour mission d'organiser :
1° Des consultations prénuptiales, prénatales et postnatales et des actions de prévention médico-sociale en faveur des femmes enceintes ; [...]
3° Des activités de planification familiale et d'éducation familiale ainsi que la pratique d'interruptions volontaires de grossesse par voie médicamenteuse dans les conditions définies par le chapitre Ier du titre Ier du livre III de la présente partie;
4° Des actions médico-sociales préventives à domicile pour les femmes enceintes notamment des actions d'accompagnement si celles-ci apparaissent nécessaires lors d'un entretien systématique psychosocial réalisé au cours du quatrième mois de grossesse, et pour les enfants de moins de six ans requérant une attention particulière, assurées à la demande ou avec l'accord des intéressés, en liaison avec le médecin traitant et les services hospitaliers concernés ;
4° bis Des actions médico-sociales préventives et de suivi assurées, à la demande ou avec l'accord des intéressées et en liaison avec le médecin traitant ou les services hospitaliers, pour les parents en période post-natale, à domicile, notamment dans les jours qui suivent le retour à domicile ou lors de consultations ;
5° Le recueil d'informations en épidémiologie et en santé publique, ainsi que le traitement de ces informations et en particulier de celles qui figurent sur les documents mentionnés par l'article L. 2132-2 ;
[...]
En outre, le conseil général doit participer aux actions de prévention et de prise en charge des mineurs en danger ou qui risquent de l'être dans les conditions prévues au sixième alinéa (5°) de l'article L. 221-1 et aux articles L. 226-1 à L. 226-11, L.523-1 et L. 532-2 du code de l'action sociale et des familles. [...]

Délivrance de contraception gratuite à mineur Art. L.2311-4 modifié par Ordonnance n°2010-49 du 13 janvier 2010 - art. 6 (V)	Les centres de planification ou d'éducation familiale sont autorisés à délivrer, à titre gratuit, des médicaments, produits ou objets contraceptifs, aux mineurs désirant garder le secret ainsi qu'aux personnes ne bénéficiant pas de prestations maladie, assurées par un régime légal ou réglementaire. Dans ces cas, les frais d'examens de biologie médicale ordonnés en vue de prescriptions contraceptives sont supportés par les centres de planification ou d'éducation familiale. Les modalités d'application du présent article sont précisées par décret.
Autorisation parentale (non nécessaire) pour la délivrance de moyens de contraception **Délivrance de la pilule du lendemain** Art. L 5134-1 modifié par LOI n°2011-2012 du 29 décembre 2011 - art. 44	I - Le consentement des titulaires de l'autorité parentale ou, le cas échéant, du représentant légal n'est pas requis pour la prescription, la délivrance ou l'administration de contraceptifs aux personnes mineures. La délivrance aux mineures des médicaments ayant pour but la contraception d'urgence et qui ne sont pas soumis à prescription médicale obligatoire s'effectue à titre gratuit dans les pharmacies selon des conditions définies par décret. Dans les établissements d'enseignement du second degré, si un médecin, une sage-femme ou un centre de planification ou d'éducation familiale n'est pas immédiatement accessible, les infirmiers peuvent, à titre exceptionnel et en application d'un protocole national déterminé par décret, dans les cas d'urgence et de détresse caractérisée, administrer aux élèves mineures et majeures une contraception d'urgence. Ils s'assurent de l'accompagnement psychologique de l'élève et veillent à la mise en œuvre d'un suivi médical. II - Les contraceptifs intra-utérins ainsi que les diaphragmes et les capes ne peuvent être délivrés que sur prescription d'un médecin ou d'une sage-femme et uniquement en pharmacie ou dans les centres de planification ou d'éducation familiale mentionnées à l'article L. 2311-4. La première pose du diaphragme ou de la cape doit être faite par un médecin ou une sage-femme. L'insertion des contraceptifs intra-utérins ne peut être pratiquée que par un médecin ou une sage-femme. Elle est faite soit au lieu d'exercice du praticien, soit dans un établissement de santé ou dans un centre de soins agréé. III - Les sages-femmes sont habilitées à prescrire les contraceptifs locaux et les contraceptifs hormonaux. [...]
Se priver de l'accord des parents : Exceptionnellement et dans l'intérêt de l'enfant Art L. 1111-4	
Secret partagé : Présomption de transmission d'information au sein de la même structure Art. L1110-4 modifié par LOI n°2011-940 du 10 août 2011 - art. 2 (partiel)	[...] Les informations concernant une personne prise en charge par un professionnel de santé au sein d'une maison ou d'un centre de santé sont réputées confiées par la personne aux autres professionnels de santé de la structure qui la prennent en charge, sous réserve : 1° Du recueil de son consentement exprès, par tout moyen, y compris sous forme dématérialisée. Ce consentement est valable tant qu'il n'a pas été retiré selon les mêmes formes ; 2° De l'adhésion des professionnels concernés au projet de santé mentionné aux articles L. 6323-1 et L. 6323-3.
Dispense d'accord de l'autorité parentale Art. L. 1111-5 dérogation à l'Art. 371-2 du Code civil , modifié par Loi n°2005-370 du 22 avril 2005 - art. 10 JORF 23 avril 2005	La personne dûment informée peut refuser à tout moment que soient communiquées des informations la concernant à un ou plusieurs professionnels de santé. [...] Par dérogation à l'article 371-2 du code civil, le médecin peut se dispenser d'obtenir le consentement du ou des titulaires de l'autorité parentale sur les décisions médicales à prendre lorsque le traitement ou l'intervention s'impose pour sauvegarder la santé d'une personne mineure, dans le cas où cette dernière s'oppose expressément à la consultation du ou des titulaires de l'autorité parentale afin de garder le secret sur son état de santé. Toutefois, le médecin doit dans un premier temps s'efforcer d'obtenir le consentement du mineur à cette consultation. Dans le cas où le mineur maintient son opposition, le médecin peut mettre en œuvre le traitement ou l'intervention. Dans ce cas, le mineur se fait accompagner d'une personne majeure de son choix. Lorsqu'une personne mineure, dont les liens de famille sont rompus, bénéficie à titre personnel du remboursement des prestations en nature de l'assurance maladie et maternité et de la couverture complémentaire mise en place par la loi n°99-641 du 27 juillet 1999 portant création d'une couverture maladie universelle, son seul consentement est requis.
Information du mineur ou majeur sous tutelle Art. L.1111-2 Modifié par LOI n°2009-879 du 21 juillet 2009 - art. 37	[...] Les droits des mineurs ou des majeurs sous tutelle mentionnés au présent article sont exercés, selon les cas, par les titulaires de l'autorité parentale ou par le tuteur. Ceux-ci reçoivent l'information prévue par le présent article, sous réserve des dispositions de l'article L. 1111-5. Les intéressés ont le droit de recevoir eux-mêmes une information et de participer à la prise de décision les concernant, d'une manière adaptée soit à leur degré de maturité s'agissant des mineurs, soit à leurs facultés de discernement s'agissant des majeurs sous tutelle. [...] En cas de litige, il appartient au professionnel ou à l'établissement de santé d'apporter la preuve que l'information a été délivrée à l'intéressé dans les conditions prévues au présent article. Cette preuve peut être apportée par tout moyen.
IVG Obligations d'informations, procédure Art. L2212-4 Modifié par Loi n°2001-588 du 4 juillet 2001 - art. 1 JORF 7 juillet 2001	Il est systématiquement proposé, avant et après l'interruption volontaire de grossesse, à la femme majeure une consultation avec une personne ayant satisfait à une formation qualifiante un service social ou toute autre personne qualifiée dans un établissement d'information, de consultation ou de conseil familial, un centre de planification ou d'éducation familiale, un service social ou un autre organisme agréé. Cette consultation préalable comporte un entretien particulier au cours duquel une assistance ou des conseils appropriés à la situation de l'intéressée lui sont apportés. Pour la femme mineure non émancipée, cette consultation préalable est obligatoire et l'organisme concerné doit lui délivrer une attestation de consultation. Si elle exprime le désir de garder le secret à l'égard des titulaires de l'autorité parentale ou de son représentant légal, elle doit être conseillée sur le choix de la personne majeure mentionnée à l'article L. 2212-7 susceptible de l'accompagner dans sa démarche. Les personnels des organismes mentionnés au premier alinéa sont soumis aux dispositions des articles 226-13 et 226-14 du code pénal.
IVG Obligations d'informations à mineure, procédure Art. L2212-7 Modifié par Loi n°2001-588 du 4 juillet 2001 - art. 7	Si la femme est mineure non émancipée, le consentement de l'un des titulaires de l'autorité parentale ou, le cas échéant, du représentant légal est recueilli. Ce consentement est joint à la demande qu'elle présente au médecin en dehors de la présence de toute autre personne. Si la femme mineure non émancipée désire garder le secret, le médecin doit s'efforcer, dans l'intérêt de celle-ci, d'obtenir son consentement pour que le ou les titulaires de l'autorité parentale ou, le cas échéant, le représentant légal soient consultés ou doit vérifier que cette démarche a été faite lors de l'entretien mentionné à l'article L. 2212-4. Si la mineure ne veut pas effectuer cette démarche ou si le consentement n'est pas obtenu, l'interruption volontaire de grossesse ainsi que les actes médicaux et les soins qui lui sont liés peuvent être pratiqués à la demande de l'intéressée, présentée au premier alinéa. Dans ce cas, la mineure se fait accompagner dans sa démarche par la personne majeure de son choix. Après l'intervention, une deuxième consultation, ayant notamment pour but une nouvelle information sur la contraception, est obligatoirement proposée aux mineures.
Autorisation parentale (non nécessaire) pour la délivrance de moyens de contraception Art. L.5134-1	I - Le consentement des titulaires de l'autorité parentale ou, le cas échéant, du représentant légal n'est pas requis pour la prescription, la délivrance ou l'administration de contraceptifs aux personnes mineures.

41

Information Préoccupante

La Loi sur la protection de l'enfance La loi du 5 mars 2007 (293) réformant la protection de l'enfance a certainement fait couler d'encre. On n'ajoute dans ce cahier qu'un schéma explicatif et les diagrammes de procédés. La gestion de l'information préoccupante est cas d'exemple de mise en œuvre nuancée, là ou le législateur a pourtant voulu clarifier les procédés.

De fournir un schéma explicatif sommaire des registres d'inscription en ce qui concerne la gestion de l'information. C'est un registre parvenu à un moment de prise de recul de la législation inaugurée en 2007, un peu hors sujet de cet exposé qui traite du secret professionnel. Cependant c'est un champ particulièrement problématique d'articulation des notions et pratiques professionnelles à cet égard.

En général, mais aussi en pratique spécifique de la Dordogne : la gestion des informations préoccupantes est compétence des Conseils Généraux Départementaux. Elle se retrouve souvent à l'entrecroisement des procédés gouvernementaux décentralisés, particulièrement pour une Dordogne qui accueille de nombreux placements. On se trouve avec nombre de points d'inflexion significatifs pour notre cahier.

On commencera en matière d'informations préoccupantes par considérer que :

• En d'actes répréhensibles il y a la Justice et les forces de police, pour intervenir, notamment sur la voie publique. Leurs difficultés tiennent à celles des informations en ces matières.

• La notion d'information préoccupante correspond donc à une ressource d'enquête, bien souvent dans le secret des vies privées, pour la protection de l'enfance.

• Cette mission échoie au Président du Conseil Général départemental, avec le soutien des autorités judiciaires qui potentialisent l'enquête du Conseil Général, pour ensuite se saisir des produits de l'enquête et juger sur le plan légal.

• Dans l'expédition de la Justice interviennent, assez tôt et plus en plus expéditivement le parquet, sinon saisissant les juges spécialisés. Juge des Affaires Familiales en ce qui concerne notamment les conflits ou problèmes de l'autorité parentale. Juges pour Enfants lorsque victimes ou auteurs, dès lors que l'ordre public (y compris moral) est affecté.

Du fait de l'évolution des principes de protection de l'enfant et du Droit de l'Enfance, on a, de façon moins expéditive qu'auparavant, à entreprendre des :

• Mesures de soutiens éducatifs des enfants aussi bien que des titulaires de l'autorité parentale (soit les parents).

• Respecter les droits légaux des enfants selon leurs caractéristiques propres.

• Engager des soutiens psycho-sociaux, moyens et ressources.

En matière d'information préoccupante on se trouve donc à des entrecroisements, des pouvoirs, des exécutions et des prises en charges ; en intervention dans des droits et devoirs fondamentaux. Pour résumer cela par un schéma à 3 champs :

1. Le pouvoir Judiciaire (jaune pâle), soutient l'enquête du pouvoir exécutif départemental de protection (selon les protocoles impulsés par la Loi) mais à lui reviendra, les organisations de compléments d'enquête et surtout de jugement.

2. Le pouvoir Exécutif (bleu pâle) est d'enquête technique (le Président du Conseil Département), pour le cas de la Dordogne avec son équivalent de C.R.I.P. (C.D.I.P.), mais aussi à qui échoira la mise en œuvre des effets des jugements

3. Les qualités professionnelles spécialisées (vert pâle), qui agissent bien sûr dans les cadres des pouvoirs (juges pour enfants ou autres d'un côté), professionnels spéciaux (qui ne peuvent opposer leurs secrets aux juges : mais sont là pour procéder correctement et informer loyalement ... sans déborder).

Exécutants des bons procédés. Ce sont eux qui réaliseront les rapports des informations des situations (informer sans juger, apprécier et préserver leurs missions (dans l'Esprit des Lois) et procéderont à la mise en œuvre des jugements.

Cela conduit à ce que les pratiques, l'information et les arts professionnels s'entrecroisent. La figure géométrique, dans une disposition circulaire des missions principales (CDIP du Conseil Général, Parquet, Juges spécialisés, professions socio-sanitaires de la protection, Unité Territoriales du Conseil Général) se trouve être une étoile à 5 branches, puisque l'on a 5 principaux registres d'acteurs (de mettre au centre l'enfant ou la cellule familiale), que cela donne unité au problème et qu'outre le cheminement circulaire, on a les cheminements ou relations croisées, souvent produites les échanges d'information en dérogation du secret professionnel, mais pas non en toute liberté de tout divulguer à qui que cela en toute licence.

On reprend aussi un schéma de flux des modalités de communication des instructions de l'information préoccupante entre Pouvoirs.

Champs d'opérations des informations préoccupantes

1. Pouvoir exécutif départemental (mission de protection de l'enfance) elle a des ressources d'enquête (plutôt organisées par le CRIP (CDIP en Dordogne) à travers l'aide sociale à l'enfance)

mise en œuvre de l'exécutif local

pratiques de bonne gouvernance

1.G.CDIP (Dordogne) ou CRIP

Etendues et formes de la judiciarisation

Articulation des relations de pouvoirs (Investigation, judiciarisation)

2. Pouvoir judiciaire soutien les investigations du Conseil Départemental pour s'informer ou faire que l'on s'informe puis judiciariser (pour défendre les droits)

Le soit-transmit est un bon pour accord d'investigation sans judiciarisation envisagée (sauf d'éléments nouveaux)

Le parquet est de plus en plus pivot dans l'expédition et pour la diligence de la Justice y compris pour celle des mineurs.

2.G Judiciaire pouvant se saisir ou commanditer les investigations

Droits : de protection, d'accès à la justice, d'équité et au secret de l'intimité

Exercice de la Justice selon les principes de la spécialité

2.s. Judiciaire de l'enfance

Le juge aux affaires familiale est : « droit civil orienté » tout ce qui définit un cadre d'autorité parentale

La famille, même en soutien éducatif parental garde/ gardera de larges prérogatives (obligeantes)

Environnement social
Pratiques morales de la vie publique

Le juge pour enfant est orienté : « droit public garant de l'ordre public en matière d'enfance : contrôleur de l'enfant auteur ou protecteur de l'enfant victime, ambiguïté de l'urgence ?

Dr Olivier T. Godichet

1.s Organisation Territoriale de proximité (UT en Dordogne)

gestion coordination coopération intéressant les communications d'informations

procédés de partage des informations « dérogeantes »

3.s Professionnels de l'enfance

sources communiquant des informations préoccupantes, consistance de l'information, respect du Secret Professionnel

Circuits appropriés des modes de réquisition et qualification d'information

3. Professionnels

Environnement sociopolitique
Pratiques de la démocratie et de la citoyenneté

En regard des déclinaisons de la décentralisation, la déconcentration à des superpositions est plus difficile

Notamment en matière d'exercices tels que de droit au secret et devoir d'investigation.

Environnement socio-économique
Principes des services publics et de la protection sociale au service de tous

Les nuances des professionnels doivent pouvoir se lire en pratique judiciaire, les difficultés sont dans l'ambiguïté de la prévention, notamment en approches individualisées

Certains professionnels par qualité générale (professionnels sociaux de l'enfance (ASE) ou qualité spéciale (médecins ou paramédicaux) ou lieux (enseignants en école) peuvent détecter, interroger, constater les sévices se renseigner là où ils sont. En général il y a une obligation d'assistance à personne en danger, particulièrement faibles et mineurs

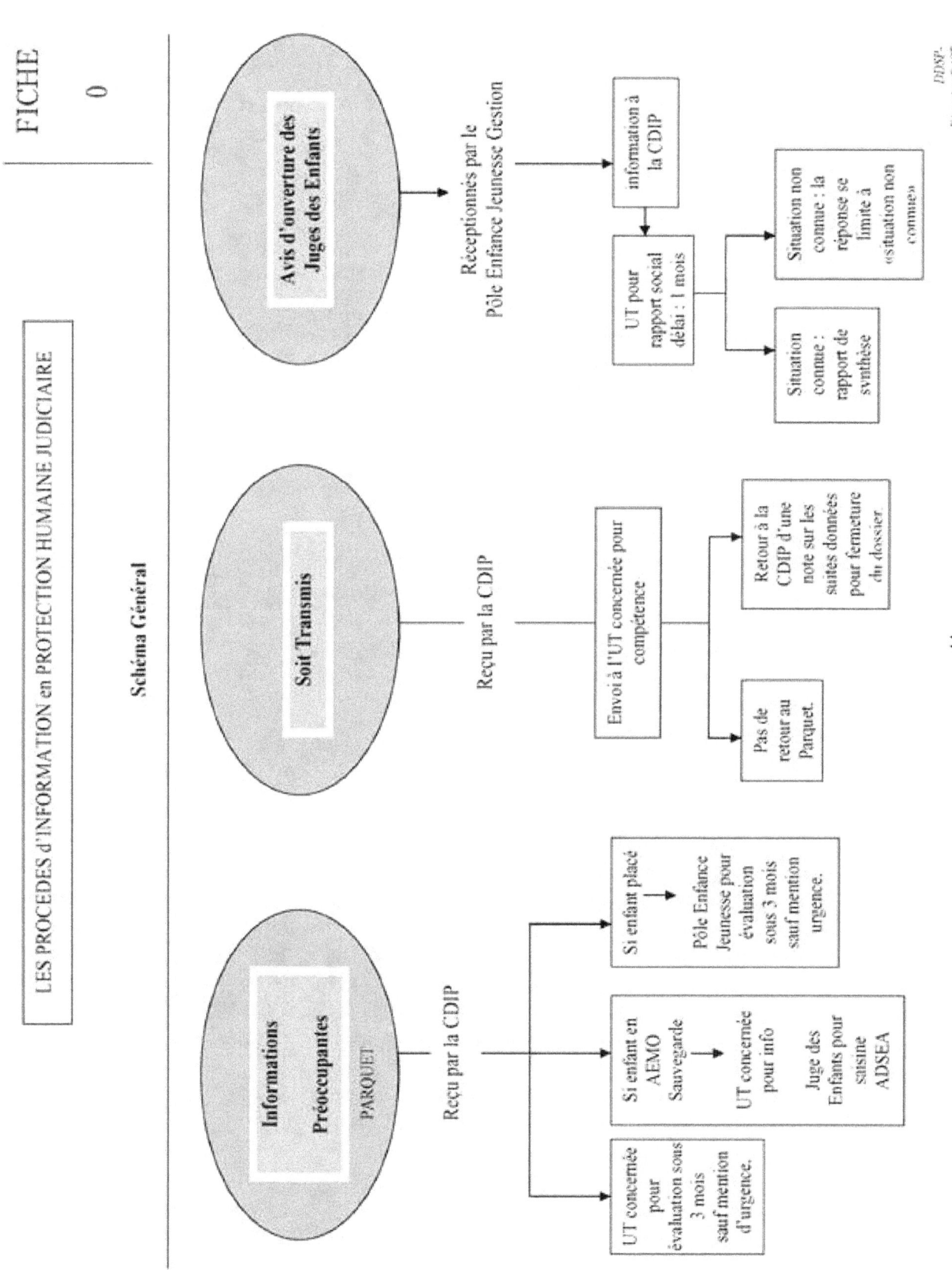

LES PROCEDES d'INFORMATION en PROTECTION HUMAINE JUDICIAIRE

Schéma Général

Informations Préoccupantes — PARQUET

Reçu par la CDIP

UT concernée pour évaluation sous 3 mois sauf mention d'urgence.

Si enfant en AEMO Sauvegarde → UT concernée pour info — Juge des Enfants pour saisine ADSEA

Si enfant placé → Pôle Enfance Jeunesse pour évaluation sous 3 mois sauf mention urgence.

Soit Transmis

Reçu par la CDIP

Envoi à l'UT concernée pour compétence

Pas de retour au Parquet.

Retour à la CDIP d'une note sur les suites données pour fermeture du dossier.

Avis d'ouverture des Juges des Enfants

Réceptionnés par le Pôle Enfance Jeunesse Gestion

information à la CDIP

UT pour rapport social délai : 1 mois

Situation connue : rapport de synthèse

Situation non connue : la réponse se limite à «situation non connue»

PHPF-
Direction PAST
11/01/2013